関数の微分
$f(x) = ax^n (a \neq 0)$
$f'(x) = n \cdot ax^{n-1}$

定積分の定義
積分は「$\int$」という記号，区間 a から b までの定積分の場合
$$\int_a^b f(x)dx = [F(x)]_a^b = F(b) - F(a)$$

等比数列
$a, ar, ar^2, ar^3, \cdots, ar^n$

無限等比級数
$$S = \frac{a}{1-r}$$

テイラー展開
関数の式の近似式を示す公式をいう

例えば，変数 x の平均値 μ（ミュー）を起点とすると，関数 $f(x)$ が，x の色々な値と平均値 μ との差 $(x-\mu)$ を右辺に置いた次式で表現されると想定する

この場合のテイラー展開による近似を，平均値の周りのテイラー展開という
$$f(x) = a + b(x-\mu) + c(x-\mu)^2 + d(x-\mu)^3 + \cdots \quad (※定数：a, b, c, d)$$

2階までのテイラー展開 $\quad f(x) = f(\mu) + f'(\mu) \cdot (x-\mu) + \frac{1}{2} f''(\mu) \cdot (x-\mu)^2$

1階までのテイラー展開 $\quad f(x) = f(\mu) + f'(\mu) \cdot$

対数の微分
$$\frac{d \ln x}{dx} = \frac{1}{x}$$

期待値の表記
$E(X), \ E(Y), \ \mu$（ミュー）

対数の法則
$a^1 = 1 \Rightarrow \log_a a = 1$

（a は「底」と呼び，1 以外の正の実数に限定される）

$\log_a a^m = m$

（m は「a を底とする a^m の対数」となる）

$\log_a xy = \log_a x + \log_a y$

$\log_a x^m = m \log_a x$

$\log_a \frac{x}{y} = \log_a x - \log_a y$

自然対数
e を底とする対数を**自然対数**（「$\log_e$」または「ln」と表記する）という

期待値
$E(\varepsilon$
$E(aX) = a \cdot E(X)$
$E(Z) = E(X+Y) = E(X) + E(Y)$
$E(Z) = E(aX + bY)$
$\quad = a \cdot E(X) + b \cdot E(Y)$

An Introduction to
Mathematics,
Statistics for
Securities Analysts

証券アナリストのための数学・統計学入門

Saburou Sano

佐野三郎 著

ビジネス教育出版社

はしがき

　証券アナリスト試験では文系の人にとって数学・統計学の要素が難関になっているという状況は，いつも変わらない風景のように思えます。

　他方，金融証券業界の専門職に占める理系の人の割合が他の職業と比較して高いことを示す統計もないようです。高校・大学での文系の人の割合がおよそ8割だとすると，証券アナリスト試験に関する限り，大多数の人が数学を苦手にしたまま何とかして合格しているということになります。証券アナリスト試験に合格した後も，証券アナリストとしての仕事の中で疑問を抱え続けている人が少なくないでしょう。

　しかし，数学・統計学を正面から学習することは，容易なことではありません。学習時間の確保が難しい実務家にとってはなおさらです。

　そのため，株式会社ビジネス教育出版社刊の「証券アナリスト合格最短テキスト」シリーズでは，数学・統計学の学習を別途しなくても済むように，必要最小限の範囲で各科目のテキストに含めています。数学・統計学の本式の解説は，しかるべき分野の先生方におまかせする，ということでもありました。

　そうした中で，せっかく証券アナリスト試験の学習をするのだから数学・統計学の知識も向上させたい，という人も少なくないようです。そのようなニーズに対応するために，本書を執筆することにしました。

　本書は，証券アナリスト試験合格の準備を目的としているというよりもむしろ，文系の人を読者として想定し，証券アナリスト試験に関係する数学・統計学の総合的な理解に役立つことを目指しています。この分野の他

のテキストとの違いがあるとすれば，文系の視点からそのままとらえた数学・統計学の姿をまとめてある点と，数式の変形を最大限丹念に展開している点でしょう。

　最後になりましたが，本書の企画の発案から原稿の細かなミスの訂正までを通じてお世話になった，株式会社ビジネス教育出版社編集部の小林さんにお礼を申し上げます。

2015 年 11 月

佐野　三郎

目 次

第1章 実数と指数，Σ 1
  1.1 実数の便利さ 1
  1.2 実数の演算法則 2
  1.3 一次式の2乗の公式 3
  1.4 指数と指数法則 6
  1.5 Σの約束事 9

第2章 利子率と現在価値・将来価値，連続複利 12
  2.1 現在と将来のお金を交換する取引 12
  2.2 金額ではなく率を用いる理由 13
  2.3 現在価値と将来価値 14
  2.4 割引ファクター 15
  2.5 複利計算 16
  2.6 連続複利 17

第3章 関数 21
  3.1 関数の定義 21
  3.2 一次関数と一次方程式 22
  3.3 二次関数 27

第 4 章　関数の微分 33
4.1　微分とは 33
4.2　微分の計算 35
4.3　微分の公式 37
4.4　微分の表記と偏微分 41
4.5　関数の最大値と最小値 43

第 5 章　積分 46
5.1　定積分の考え方 46
5.2　計算例と補足事項 48

第 6 章　その他の数学の項目 49
6.1　等比数列の和の公式 49
6.2　事後的な収益率の計算方法 51
6.3　利付国債の価格評価 59
6.4　対数 62

第 7 章　数学の応用 68
7.1　テイラー展開 68
7.2　対数の微分と対数近似 76

第 8 章　確率変数 81
8.1　確率変数 81
8.2　確率変数の期待値と確率の意味 85
8.3　確率変数の期待値の性質 88
8.4　確率変数の分散と標準偏差 92

| 8.5 | 2つの確率変数の間の共分散と相関係数 | 96 |
| 8.6 | 複数の確率変数の一次式で表現される確率変数（ポートフォリオの将来の結果）の期待値と分散 | 103 |

第9章　正規分布 ... 110
| 9.1 | 確率分布と正規分布 | 110 |
| 9.2 | 標準正規分布表と確率変数の標準化 | 117 |

第10章　統計的推測 ... 125
10.1	統計的推測と標本	125
10.2	標本平均，標本分散・標本標準偏差等	129
10.3	標本平均の分布と点推定	131
10.4	母集団平均の区間推定（その1）	135
10.5	母集団分散の推定	141
10.6	母集団平均の区間推定（その2）とt分布	144

第11章　仮説検定（正規分布の場合） ... 150
11.1	仮説検定の枠組み	150
11.2	片側検定と両側検定	152
11.3	母集団標準偏差が未知のケースにおける（t分布の下での）母集団平均の仮説検定	157

第12章　回帰分析（最小二乗法） ... 163
12.1	回帰分析の身近さと近寄りにくさ	163
12.2	回帰分析の計算	166
12.3	回帰分析に基づく統計的推測	173

12.4	回帰分析に基づく仮説検定等	177
12.5	CAPMとマーケット・モデル	186

付録　平均分散アプローチの目的関数と期待効用理論
　　　との間の数学的関係 191

実数と指数，Σ

 実数の便利さ

証券アナリストまたは証券アナリスト試験に関連するテキストでは，対象になる数の範囲は**実数**だとされています。1, 2, 3···といった自然数でもなければ，···，−3, −2, 0, 1, 2,···といった整数や分数（ここまでが「有理数」でした。）でもありません。これらの数のほかに，分数の形で表すことができない数（無理数）も含まれる「実数」を前提にする，というわけです。

その理由は，実数値を前提にすれば，本書でも紹介するような，方程式，関数の微分・積分，確率変数の性質などの様々なツールをそのまま使うことができる，ということでしょう。

答えが自然数に限定されるとなると，そうは行きません。半端な数字は答えから除外しなければなりませんから，非常に面倒なことになってしまいます。実数を前提にしておけばそうした心配は要りませんし，何しろ実数は隙間なくびっしりと並びますから，飛び飛びの「点」ではなくきれいな「線」のグラフで示すことができます。数学の勉強の最初に登場した数直線を描くことができるのは，実数を前提にするからなのでした。

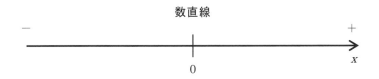

数直線

実数を前提にする数学は，中学と高校で学んだ数学の大部分でもあります。本書の内容を追う際にも，以前に学んだ数学の議論と結び付けるのが有効です。

　しかし，実数を前提にすることによって，現実から離れてしまうという面もあります。例えば，証券取引所の株価には，最低何円以上という呼び値の刻みの決まり（実際の価格が自然数の一部に限定されるという制約）があります。スーパーに買い物に行った場合も，商品のパックの 3 分の 1 だけ購入するということは通常はできないでしょう。実数を使った数学・統計学の応用は厳密に見えますが，現実の問題の説明としては，最初から「大体のところ」という限界が伴っているわけです。本書のいかめしい数式にも気楽に向かい合うのがよいと思います。

実数の演算法則

　実数の四則演算には，交換法則，分配法則，結合法則という 3 つの演算法則がありました。掛け算の場合を挙げると，以下のとおりです。

　　交換法則　　$a \times b = b \times a$
　　分配法則　　$a \times (b+c) = a \times b + a \times c$
　　結合法則　　$a \times (b \times c) = (a \times b) \times c$

　ここで，演算法則の式が特定の値ではなく記号で書かれている，ということに注目してください。この点は，式を難しく見せるためではなく，記号の代わりにどんな実数を代入しても式が成り立つ，ということを示すためでした。数式を記号で作る目的は，難しそうに見せるためではなく，「どんな値の実数であったとしても」という意味を込めることです。

　その点を意識しながら，改めて上の演算法則の式を眺めてみてください。

私たちは，日常生活の中で，確かにどんな実数にもこの法則を当てはめています。それが可能なのは，式が記号で表現されているからです。

1.3 一次式の 2 乗の公式

1.3.1 定数だけの表現

上の演算法則から，色々と便利な結果を導くことができました。例えば，2 つの実数 a, b の和 $(a+b)$ を考えます。その答えも実数に違いないことに注意しておきましょう（この性質は，「実数が四則演算について閉じている」といいました。）。ともあれ，$(a+b)$ の 2 乗（その答えも再び実数になります。）については，次の公式が成り立ちました。

$$(a+b)^2 = a^2 + 2ab + b^2$$

この公式は，交換法則と分配法則を使って次のように確認できました。

$$(a+b)^2 = \underbrace{(a+b)}_{\text{1つの数と考える}} \times (a+b) = (a+b) \times a + (a+b) \times b$$
$$= a^2 + \underbrace{ba}_{=ab} + ab + b^2 = a^2 + 2ab + b^2$$

同じようにして，次の公式も確認できます。

$$(a-b)^2 = a^2 - 2ab + b^2$$
$$(a-b)^2 = (a-b) \times (a-b) = (a-b)\,a - (a-b)\,b$$
$$= a^2 - \underbrace{ba}_{=ab} - ab + b^2 = a^2 - 2ab + b^2$$

さらに，項の数が増えた場合でも，1 つと残りとに分けて以上の公式を繰り返し適用していけば答えを導くことができます。実数が 3 つの場合には次のとおりになります。

$$(a+b+c)^2 = a^2 + b^2 + c^2 + 2ab + 2ac + 2bc$$

1.3.2 変数を使った表現

実数であれば何でもよいので記号で演算法則を書きましたが，それでも何か決まった値（定数）であるときには，a, b, c など，アルファベットの最初の方の文字を使いました。

一方，x, y, z のように，アルファベットの後の方の文字で表す「変数」もありました。変数という用語には，違和感がある人が多いのではないかと思います。というのも，変数という把握の仕方には，特定の値（数）とは別の，実数を使って表現することができる何かを「数」と呼ぶ，という抽象化が伴っているからです。

「変数」と呼ばれるものは具体的な数そのものではない，という点が，違和感の原因になっているのでしょう。実際，英語では定数を a constant, 変数を a variable といい，number（数）という単語が付いていません。直訳すれば，「何か値が一定のもの」，「何か値が変化するもの」です。

ともあれ，そのような「何か」としては，毎月の支出，一日に摂取するカロリーの量，毎日の気温，株価などなど，実に様々なものを考えることができます。2 つの変数（それぞれ，日々のランチ代とおやつ代だとしておきましょう。）x と y を考えると，上の式の演算は以下のとおりになります（変数ではあっても，実数の値をとるなら常に交換法則と分配法則が成り立ち，このため同じように導くことができるわけです。）。

$$(x+y)^2 = x^2 + 2xy + y^2$$
$$(x-y)^2 = x^2 - 2xy + y^2$$

1.3.3 変数と定数の一次式

以上とまったく同様に，変数と定数が混じった一次式の演算も確認できました。例えば 100 グラムの粉を使って蕎麦を打つ場合（これはほぼ一人前の分量だそうです。）に，ある決まった分量（定数）の蕎麦粉と小麦粉を使うとします（それぞれを記号 a と b で表すことにします。）。蕎麦粉と小麦粉はその日

に買うとすると，日によって値段が変わることは大いにあり得るので，蕎麦粉と小麦粉の毎日の値段は変数だと考えることができます．そこで，それぞれの値を x と y とし，1人前の蕎麦の材料費を z として式に書けば，次のとおりになります（水代などは無視しています．）．

蕎麦 1 人前の材料費　$z = ax + by$

単純な一次式ですが，本書の後の方で取り上げるポートフォリオ（資産の集まり）の将来のリターン（収益率）の計算式は，常にこの形になりますし，ミクロ経済学と証券分析で登場する状態価格の考え方も一次式の形で表現されます．その意味で，証券アナリストにとって最も身近で基本的な式だということができます．

ところで，材料費の 2 乗を考えるというのは（金額の 2 乗が何を表すのか不明なので）ちょっと苦しい設定ですが，計算の結果は次のとおりです．

$$(ax + by)^2 = a^2 x^2 + 2abxy + b^2 y^2$$

次のように確認しておきましょう．

$$\begin{aligned}
(ax + by)^2 &= (ax + by) \times (ax + by) \\
&= (ax + by) \times ax + (ax + by) \times by \\
&= (\underbrace{axax}_{=a^2 x^2} + \underbrace{byax}_{=abxy}) + (\underbrace{axby}_{=abxy} + \underbrace{byby}_{=b^2 y^2}) \\
&= a^2 x^2 + 2abxy + b^2 y^2
\end{aligned}$$

この公式も，本書の後の方で取り上げるポートフォリオの将来のリターンの分散の計算（8.6.3）の鍵になる，非常に大切な式です．この公式と，同様に本書の後の方で取り上げる確率変数の期待値の性質（8.3.2）をしっかり把握すれば，ポートフォリオの分散の計算を素直に理解できるでしょう．

カッコ内が引き算の場合の結果も，同じようにして得ることができます．

$$\begin{aligned}(ax-by)^2 &= (ax-by)\times(ax-by)\\ &= (ax-by)ax+(ax-by)\times(-by)\\ &= axax-byax-axby+byby\\ &= a^2x^2-2abxy+b^2y^2\end{aligned}$$

 指数と指数法則

1.4.1　指数

指数は，ある正の実数 a を何回か掛け算（べき乗）するときの，掛け算の回数を表します（正の実数のべき乗に限る理由については後で述べます。）。正の実数を 0 回掛ける場合と 1 回だけ掛け算する場合も含めて式で表せば，次のとおりです。式の実数 a が「底」と呼ばれることも思い出しておいてください。

$$a^0 = 1$$
$$a^1 = a$$
$$a^2 = a\times a$$
$$a^3 = a\times a\times a$$

どんな正の実数でもそのゼロ乗が 1 になるのは，次項で述べる指数法則が常に成り立つようにするためにそう決めておく必要があるからです。約束事だといってよいでしょう。

1.4.2　指数法則

指数を使うと，式をすっきりと示すことができます。それだけでなく，指数には，とても便利な 3 つの計算法則（**指数法則**）があります。指数の値を m, n で表すことにしておきましょう。

最初は，べき乗の掛け算です。

$$a^m \times a^n = a^{m+n}$$

この法則は，同じ底の m 乗と n 乗との掛け算が，底の $m+n$ 乗つまり指数部分の足し算と同じだ，という性質です。べき乗は掛け算の繰返しなので，例えば，2 の 2 乗と 2 の 3 乗との掛け算の場合は次のとおりになります。

$$2^2 \times 2^3 = \underbrace{(2\times 2)\times(2\times 2\times 2)}_{\text{全部で2+3回の掛け算}} = 2^5 = 2^{2+3}$$

2 つ目は，べき乗をさらにべき乗する計算です。a の m 乗を n 乗する場合には次のとおりになります。

$$(a^m)^n = a^{m\times n}$$

べき乗の計算は指数部分の掛け算になる，というのがこの法則です。例えば 2 の 2 乗の 3 乗の場合は次のとおりになります。

$$(2^2)^3 = (2^2)\times(2^2)\times(2^2) = \underbrace{(2\times 2)\times(2\times 2)\times(2\times 2)}_{\text{2回の掛け算を3回なので2×3=6回}} = 2^6 = 2^{2\times 3}$$

3 つ目の性質は，別々の底 a と b の同じ指数のべき乗の掛け算です。

$$a^m \times b^m = (ab)^m$$

底が異なっているけれども指数部分が共通な場合の掛け算は，掛け算のべき乗になるというのが，この法則です。例えば，3 の 2 乗と 5 の 2 乗との掛け算の場合は次のとおりになります。

$$3^2 \times 5^2 = (3\times 3)\times(5\times 5) = (3\times 5)\times(3\times 5)$$
$$= (3\times 5)^2 = 15^2 = 225$$

ここで取り上げた計算例は，あくまでも例示です。証明にはなっていません。しかし，底と指数の値が色々と異なったとしても同様になることは，計算例から容易に推測できると思います。そのような場合や，証明が煩雑になり過ぎると思われる場合には，本書ではこの後も，証明にこだわらないこと

にします。過度に証明にこだわると,「証券アナリストのための」ではなく「教養としての」数学入門になってしまうからです。

1.4.3 指数法則のバリエーション

べき乗の掛け算の指数法則のバリエーションとして,べき乗の割り算を考えてみましょう。a の m 乗を a の n 乗で割り算するケースです。

その準備として,べき乗の逆数を次のように表すという約束事をしておく必要があります。

$$\frac{1}{a^m} = a^{-m}$$

割り算は割る方の数の逆数を掛け算するのと同じことですから,a の m 乗割る a の n 乗を次のとおり表すことが可能になります。

$$a^m \div a^n = a^m \times \frac{1}{a^n} = \underbrace{a^m \times a^{-n}}_{\text{べき乗の掛け算}} = a^{m+(-n)} = a^{m-n}$$

例えば,2 の 6 乗を 2 の 4 乗で割る計算は次のとおりになります。

$$2^6 \div 2^4 = \frac{2 \times 2 \times 2 \times 2 \times 2 \times 2}{\underbrace{2 \times 2 \times 2 \times 2}_{\text{6-4=2個残る}}} = 2^2 = 2^{6-4}$$

以上のように,①掛け算(割り算)は指数部分の足し算(引き算)に,②べき乗は指数部分との掛け算に,さらに,③指数が同じ別々の底のべき乗の掛け算は,掛け算した答えのべき乗の 1 回の計算へと,いずれも計算が一段階単純になっています。

本書で後に取り上げる連続複利の計算では,指数法則の便利さが十分に発揮されます。さらに,指数法則は,同様に本書で後に取り上げる対数の計算上の便利な性質(6.4.2)としても現れます。

なお，指数法則は，上記の例のように指数が自然数の場合には簡単に確認することができます。しかし，指数数部分の値は実数の全範囲にしても差し支えありません。言い換えると，指数の値が自然数だけでなく実数の範囲をとる場合にも，指数法則が成り立ちます。指数の底が正の実数に限定されるのは，指数の値の範囲が実数だとしても指数法則が成り立つようにするために必要な約束事です。

最後に，平方根や 3 乗根を次のように表す約束事になっている点を記憶しておいてください。

$$\sqrt{a} = a^{\frac{1}{2}}$$
$$\sqrt[3]{a} = a^{\frac{1}{3}}$$

それぞれ，2 乗，3 乗すると a という正の実数になる値が，分数の形の指数を使って表される，という約束事です。この約束事には，指数が分数の場合にも指数法則が成り立つことが確保される，という理由があります。

1.5　Σの約束事

教科書の数式にΣ（シグマ）が登場すると，思わず身構えてしまう人が少なくないと思います。後述のように「Σ」そのものは足し算を表すだけであり，長々とした式を見やすく示すためのツールに過ぎないのですが，見た目は何ともいかめしいですね。

本書でもΣを用いて式を表す場合が（少しだけ）あるので，Σの約束事を紹介しておくことにします。現実的な対応策としては，ともかく足し算なのだと思って眺めることにし，2 番目までに限ってΣの式を展開してみてイメージを把握するのがよいでしょう。

1.5.1 Σの意味

例えば，レストランでの食事の際にオードブル，メイン，デザートの 3 種類の料理を注文するとして，それぞれに 1, 2, 3 という番号を付けるとします。具体的に選択するそれぞれの品目によって金額が異なるので変数 x で表し，番号を下付きの添え字にして示すことにしましょう。料金の合計（Fとします。）の式は，Σ を使って次のように表されます。

$$F = x_1 + x_2 + x_3 = \sum_{i=1}^{3} x_i$$

式の「i」は，足し算される番号の範囲を表します。3 番目まで，などのように具体的に決まっていない場合には，Σ の右上の「3」の代わりに「n」などを用います。

1.5.2 Σの計算の約束事

次の式の a のように，Σ の記号の範囲に変数ではなく定数が入る場合には，Σ の添え字の番号までの当該定数の足し算（倍数）になります。

$$\sum_{i=1}^{3} a = a + a + a = 3a$$

次に，次の例のようにΣの記号の中に式が記述されている場合には，式自体の変形を自由に行うことができます。Σは式の値の合計を指しており，変形しても式の値に変化はないからです。

$$\sum_{i=1}^{2} (x_i - 2)^2 = \sum_{i=1}^{2} (x_i^2 - 4x_i + 4)$$

さらに，この式の右辺は，次のようにΣの足し算・引き算に分解するとともに，定数項をΣ記号の前に出すことができます。

$$\sum_{i=1}^{2} (x_i^2 - 4x_i + 4) = \sum_{i=1}^{2} x_i^2 - 4\sum_{i=1}^{2} x_i + \sum_{i=1}^{2} 4$$

式を実際に展開してこの関係を確認すると，次のとおりです。

$$\sum_{i=1}^{2}(x_i^2 - 4x_i + 4) = (x_1^2 - 4x_1 + 4) + (x_2^2 - 4x_2 + 4)$$
$$= (x_1^2 + x_2^2) - 4(x_1 + x_2) + (4 + 4)$$
$$= \sum_{i=1}^{2} x_i^2 - 4\sum_{i=1}^{2} x_i + \sum_{i=1}^{2} 4$$

最後に，Σが二重になっている場合には，Σの掛け算に書き換えることができます。見るからに複雑そうな形になりますが，1 つずつ掛け合わせて合計するだけです。2 番目の数までしかない簡単な例で確認しておきましょう。

$$\sum_{i=1}^{2}\sum_{j=1}^{2} x_i y_j = x_1 y_1 + x_2 y_1 + x_1 y_2 + x_2 y_2$$
$$= x_1(y_1 + y_2) + x_2(y_1 + y_2)$$
$$= (x_1 + x_2)(y_1 + y_2)$$
$$= \sum_{i=1}^{2} x_i \cdot \sum_{j=1}^{2} y_j$$

以上のように，Σの計算の約束事は，実数の演算法則に基づいています。

ポートフォリオ理論と確率変数の議論では，Σが多用されます。しかし，本書ではこの記号を極力使用しないようにします。そのため，別の教科書を読む際の準備と位置付け，例題は用意しません。

第 2 章

利子率と現在価値・将来価値，連続複利

 現在と将来のお金を交換する取引

　金融機関で今日 10,000 円借りて 1 年後に 10,500 円返済するという借入れの取引を考えてみましょう。この取引には，注目しておきたい要素が 3 つあります。

　第一に，取引である以上は，借りた人も貸付けを行った金融機関も，それぞれが受け取る価値について納得しているはずです。言い換えると，借りた人と貸し付けた金融機関にとって，現在の 10,000 円と 1 年後の 10,500 円とが同じ価値になっている，といってよいでしょう。だからこそ，今日 10,000 円受け取って（貸し付けて）1 年後に 10,500 円渡す（受け取る）という現在のお金と将来のお金との交換取引を締結するわけです。このように，お金の貸借に限らず株式などの売買も含めて，金融取引は現在のお金と将来のお金を交換する取引です。

　第二に，1 年後に返す 10,500 円のうち，最初に借りた 10,000 円は元本，返済するときに上乗せされる 500 円は利息と呼んで区別するのが普通です。第一の点と合わせると，現時点の 10,000 円と 1 年後の 10,500 円とが互いに同じ価値をもつためには，1 年後の金額に 500 円の利息が必要だ，ということになります。

　資金の貸借や，銀行での預金（預金するという行為は，銀行預金という金融資産の購入取引です。）に利息が付くのは当然だということは，私たちの直観的感覚でしょう。同じ金額のお金でも，時点が異なれば価値が違うのです。遠

い将来のお金ほど価値が下がるということも，大半の人の直観的判断ではないでしょうか。利息は，異なる時点のお金の価値を等しくするための調整という役割を果たしているわけです。

　第三に，上記の取引では利息が金額で表されていますが，通常の場合，金利は金額ではなく，パーセントなどの率ないしは割合の形で表示されます。それによって，とても便利に計算できるようになるからです。

金額ではなく率を用いる理由

　前項の借入れのケースで，800円利息を付けてくれれば15,000円貸してもよいという提案を受けたとしましょう。どちらの借入れを選択すればよいでしょうか。利息の額も異なっていますが元本額も異なっていますので，このままでは比較しようがありません。そこで，元本1円当たり幾らになるか，という置き換えをしてみます。

　前者の借入れは，500÷10,000＝0.05から，1円当たり0.05円（5%）の利息を支払うことになる一方，後者の提案では800÷15,000≒0.053から，1円当たり約0.053円（約5.3%）の利息を支払うことになります（「≒」や「≈」は，ほぼ等しいことを示す記号です。）。元本額にこだわりがないなら，前者の提案に応じる方が有利です。

　このように，率を使うという方法には，比較を容易にするという実用的な役割があります。表現を抽象的にするためではありません。**利子率**（1円当たりの利息の金額）を使うと，現在価値と将来価値の計算が簡単になります。

2.3 現在価値と将来価値

先ほどの例では，利子率が年5%の場合の現時点の10,000円と1年後の10,500円とが同じ価値をもつと考えることができます。そこで，この場合の10,500円を，利子率が年5%の場合における現在の10,000円の1年後の**将来価値**といい，逆に，現在の10,000円を，利子率が年5%の場合の1年後の10,500円の**現在価値**といいます。

将来価値の計算では（1+小数の利子率）を現在の金額に掛け算し，現在価値の金額では逆に1年後の金額を（1+小数の利子率）で割り算する，という関係になっています。現在価値の計算は，**割引計算**ともいいます。

例題

利子率が年4%の場合の1年後の10,000円の現在価値は、幾らですか。

解答 次のように，将来の金額を1+0.04で割り算して求めます。

$$\frac{10,000}{1+0.04} = \frac{10,000}{1.04} \approx 9,615.38 \text{ 円}$$

例題

今日3,200円借りて1年後に3,296円返済する約束をしたとします。この約束の利子率を求めなさい。

解答 利子率を r として，2つの金額の現在価値と将来価値の関係を式にすると，次のとおりになります。

$$3,200 \times (1+r) = 3,296$$

この式を r について次のように解けば，$r=3\%$ であることが分かります．

$$1+r=\frac{3{,}296}{3{,}200}=1.03$$
$$r=1.03-1=3\%$$

2.4 割引ファクター

　前項の最初の例題で現在価値を求めるために使用した（1＋小数の利子率）を一般的な記号の形式で表せば，$(1+r)$ になります．本書では，この全体を**グロスの利子率**と呼んで利子率 r と区別することにします．そうすれば，割引ファクターという考え方が理解しやすいからです．

　前項の例題の場合に，$(1+0.04)$ で割り算するのではなく，その逆数（$1\div 1.04\approx 0.961538$）を掛け算して現在価値を求める，と考えてみてください．この場合の 0.961538 を**割引ファクター**といいます．利子率が分かった段階で割引ファクターの値を計算しておけば，様々な将来の金額の現在価値を計算する度に割り算する代わりに，割引ファクターとの掛け算で答えを出すことができます．

　割引ファクターの意味を理解するには，「割引ファクターとは，利子率が分かっている場合における将来の 1 円の現在価値だ．」という視点が役立ちます．将来の 1 円を $(1+r)$ で割り算すれば（言い換えると，割引ファクターの計算によって）その現在価値が分かります．例えば将来の金額が 75 円（1 円の 75 倍）なら，その現在価値は割引ファクターの値の 75 倍になります．

　1 年後の金額が 13,500 円，利子率が 4% だとして，割り算によって現在価値を求める方法と，割引ファクター（この場合は 0.961538）との掛け算を用いる方法を比較してみてください．

$$\text{割引ファクター}=\frac{1}{1+r}\quad (r=\text{利子率})$$

2.5 複利計算

複利計算は，期間が複数年にわたる場合の計算方法の1つです。

年利5%で10,000円を3年間借りた場合に，年間の利息を500円として3年分の1,500円と元本10,000円とを合わせて返済することにする計算方法は，単利計算と呼ばれます。

これに対して複利の計算では，計算の基準にする期間ごとに一旦元利合計を返済し，それと同時に同じ金額を改めて借りる（この段階で最初の期間分の利息が元本に追加される，という点に注意してください。このことを「元加」といいます。）と仮定して，最終的な元利合計額を計算します。前期末までの元利合計に毎期間グロスの利子率が掛け算されることになります。

年1回の複利計算では，1年経つごとに元加の処理が行われます。上の例では次のとおりになります。計算結果がグロスの利子率の年数乗倍になることに注目してください。

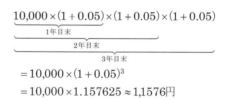

$$= 10{,}000 \times (1+0.05)^3$$
$$= 10{,}000 \times 1.157625 \approx 1{,}1576 \text{円}$$

逆に，現在価値を求めるには，グロスの利子率の年数乗で割り算することになります。その代わりに，上記の例の場合であれば1.05を3乗した1.157625の逆数である割引ファクター0.863838を求めておくと，割引計算が簡単になります。利子率が5%の場合の3年後の10,000円の現在価値が約8,638.4円になることを，両方の方法で確認してみてください。

ところで，複利にするかどうか，および，複利計算の回数をどうするかは当事者間の合意によるので，様々になり得ます。例えば，ゆうちょ銀行の定

額貯金は，年 2 回（半年）複利の金融商品です。このような年複数回の複利計算では，年利をその回数で割り算した値を毎期間の利子率にする習慣になっています。年利が 5% だとして，現在の 10,000 円の年 2 回複利の 2 年後の将来価値を計算すると，次のとおりになります。

$$\underbrace{10{,}000 \times \left(1+\frac{0.05}{2}\right)}_{\text{最初の半年}} \times \underbrace{\left(1+\frac{0.05}{2}\right)}_{\text{次の半年}} \times \underbrace{\left(1+\frac{0.05}{2}\right) \times \left(1+\frac{0.05}{2}\right)}_{\text{2年目}}$$

$$10{,}000 \times \left\{\left(1+\frac{0.05}{2}\right)^2\right\}^2 = 10{,}000 \times \left(1+\frac{0.05}{2}\right)^{2\times 2}$$

$$= 10{,}000 \times \left(1+\frac{0.05}{2}\right)^4$$

$$= 10{,}000 \times 1.103813 \approx 11{,}038 \text{円}$$

指数法則を当てはめれば，全期間の合計が，（複利の回数×年数）乗倍の計算となることに注目してください。

 2.6 連続複利

連続複利は，複利計算の元加の頻度を無限大に（元加の間隔を一瞬ごとに）近付ける計算方法です。

年利を r とし，複利計算の回数を m とすると，次の式の 1 回当たりの掛け算の $(1+r/m)$ の m を無限大に近付けます。この式は，1 年間を前提にしています。

$$\left(1+\frac{r}{m}\right)^m$$

連続複利の計算を形式的に表現すると，次のとおりです。「lim」とその下の「$m \to \infty$」という表記は，m の値を無限大に近付けて極限値をとる，

という意味です。

$$\lim_{m\to\infty}\left(1+\frac{r}{m}\right)^m$$

　考え方はここまでです。この後は数学的な確認になりますので，数式が嫌いな人は，e の値と，連続複利の計算が e の r 乗または（t 年間にわたる場合には）e の $r\times t$ 乗になる，という結論とを記憶するようにして，例題に進んでも差し支えありません。

　ここで脇道にそれるようですが，カッコの中の分子が r ではなく1になっている場合（次式）に分母と指数とを無限大にすると，$e=2.71828\cdots$ という実数になります。

$$\lim_{m\to\infty}\left(1+\frac{1}{m}\right)^m=2.71828\cdots=e$$

　e が記号になっていることは気にせず，無限に続く小数なので $\pi=3.14159\cdots$ と同じように表す，と思ってください。e がこの値になることを確認する一番地道な方法は，$(1+1/m)$ の m 乗の式に $(a+b)$ の m 乗を展開する公式を当てはめ，m が無限大となる場合を考えることです。詳細は省略しますが，展開の後の式は次のようになります。

$$e=1+\frac{1}{1}+\frac{1}{1\times 2}+\frac{1}{1\times 2\times 3}+\cdots$$

　m を段々に大きくすると，展開した後の式の値が $2.71828\cdots$ に近付いて行き，やがて $2.71828\cdots$ に落ち着きます。例えば，$m=100$ まで計算すると，式の値は $2.7182818285\cdots$ です。

　連続複利の式に戻りましょう。極限値をとる前の段階に戻って，式の r/m を例えば $1/y$ と書き換えます。次のように，べき乗の部分の m が，$y\times r$ に代わることに注意してください。そして，今度は m ではなく y を無

限大に近付けることになります。

$$\frac{r}{m} = \frac{1}{y} \Rightarrow m = y \cdot r$$

$$\left(1 + \frac{r}{m}\right)^m = \left(1 + \frac{1}{y}\right)^{y \cdot r} = \left\{\left(1 + \frac{1}{y}\right)^y\right\}^r$$

指数部分の積の形がべき乗のべき乗という形に変化するのは，べき乗の指数法則を適用しているからです。こうしておいて，{ }の中だけ先に y を無限大に近付ければ，その部分は e になるのですから，次のように進むことができます。

$$\left\{\lim_{y \to \infty}\left(1 + \frac{1}{y}\right)^y\right\}^r = e^r$$

この式が，連続複利の計算の基本的な結論です。さらに，年利 r の連続複利の複数年（具体的には 3 年や 5 年ですが，ここでは t としておきます。）の計算は，指数法則を使って次のとおりに表すことができます。

$$(e^r)^t = e^{rt}$$

例 題

10,000 円を年利 4%（r＝0.04）の連続複利で 4 年間借りたとします。4 年後に返済する元利合計は幾らになりますか。

解答

1 年間の増加分は e の 0.04 乗となり，それが 4 年分ですからさらに 4 乗する計算になりますが，指数法則を使って 0.04×4＝0.16 乗とすれば，次のように一回で計算することができます。

$$10{,}000 \times (e^{0.04})^4 = 10{,}000 \times e^{0.04 \times 4}$$
$$= 10{,}000 \times e^{0.16}$$
$$\approx 10{,}000 \times 1.173511$$
$$= 11{,}735.11 円$$

e のべき乗は，パソコンの表計算ソフトや関数電卓では「exp」（e のべき乗を意味する exponential の最初の 3 文字）とするのが通常です。この関数機能を使っても，近似的に 2.71828 の 0.04 乗を計算しても，同じように求めることができます。

例 題

1 年目の連続複利の利子率が 5%，2 年目は 3%，3 年目は 7%でした。3 年間の累積では，元利合計は最初の元本の何倍になりますか。

解答

この 3 年のうち各年の元利合計の増加分はそれぞれ e の 0.05 乗，0.03 乗および 0.07 乗ですので，3 つの結果を計算してさらに掛け算する計算になりそうですが，ここでも指数法則を使い，各年の利子率の合計として次のように一回で計算することができます。

$$e^{0.05} \times e^{0.03} \times e^{0.07} = e^{0.05+0.03+0.07}$$
$$= e^{0.15}$$
$$\approx 1.161834 倍$$

連続複利の平均リターンの計算については，年 1 回払いの年利を連続複利に換算する事例として 6.4.3 の例題で紹介することにします。

第 3 章

関　　数

3.1 関数の定義

　関数とは，2つの変数 x および y について，x の値が決まった場合に y の値が1つに決まるときの，両者間の「対応関係」だといわれています。もっとも，関数の定義はこれだけではなく，このような関係がある場合に y を x の関数ということもありますし，y の値が決まる数式を関数と呼ぶ，と定義した数学者もいるようです。

　証券アナリストが実際に接する関数は，一次関数や二次関数など，y（従属変数といいました。）が x（独立変数といいました。）の式で表される場合です。ですから，関数とは，その関数の数式に独立変数の値を代入すれば従属変数の値が1つに決まるものだ，と考えておいて差し支えないと思います。関数は英語では function なので，頭文字をとって次のように表します。

$$y = f(x)$$

　独立変数は1つとは限らず，複数の場合もあります。例えば2つの独立変数 x と y の関数 z は次のように表します。

$$z = f(x, y)$$

　関数を表す記号としては，f のほかに g や h もよく用いられます。

　証券アナリストの仕事場は，関数だらけだといっても差し支えないでしょう。関心がある変数（為替レート，金利，企業収益などの従属変数です。）の今後

の値を決定する要因（独立変数）を探し，両者の関係を数式で把握することができれば，大きな助けになります。

消費者の選択の問題を考えるには，消費者の選択をうまく表現できるような効用関数を想定しますし，ポートフォリオを構築するには投資家の効用関数を考える必要があります。そして何よりも，ポートフォリオの将来の成果の見通しは，ポートフォリオに含める個々の資産の割合（投資比率）の関数として表現されます。

しかし，証券アナリスト試験の 2 次レベルまでに関する限り，十分に慣れておく必要があるのは一次関数と二次関数だけです。

3.2　一次関数と一次方程式

3.2.1　直線で表される一次関数

まず，従属変数 y が独立変数 x の一次式で計算される場合，つまり一次関数のおさらいをしておきましょう。一般的な形の一次関数を示す式は，次のとおりでした。

$$y = f(x) = ax + b \quad (a \neq 0)$$

独立変数 x に掛け算される a が 0 では，x の一次の項が必ず 0 になって消えてしまうので，$a \neq 0$（a は 0 ではない）という条件が付いています。定数が a と b という記号になっているのは，これらの値が実数なら何でもよいことを示しています。

$a = 2$, $b = 3$ として，独立変数 x は実数値をとるとしましょう（独立変数の値の範囲を**定義域**といいました。これに対応する関数の値の範囲は**値域**です。）。

$$y = f(x) = 2x + 3$$

実数の集まりが，直線（数直線）で表されることを思い出してください。

横軸に独立変数 x の値をとり，縦軸に従属変数 y の値をとってこの関数のグラフを描くと，x と y の値の組合せの点の集まりは平面上の直線になります。

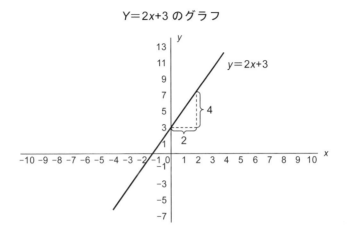

独立変数が特定の値をとった場合の従属変数の値は，関数のカッコの中に独立変数の値を置いて表します。例えば，x が -3 と 7 になった場合は次のとおりです。

$$y = f(-3) = 2 \times (-3) + 3 = -6 + 3 = -3$$
$$y = f(7) = 2 \times 7 + 3 = 14 + 3 = 17$$

変数は独立変数 x と従属変数 y の 2 つだけ（2 次元）ですから，両者の値の組合せの集まりを示す線を平面上に描くことができます。独立変数が 2 つある場合（3 次元）では，縦横と横軸にそれぞれの独立変数の値をとり，平面上にあるその値の組合せの点から高さ方向に従属変数の値をとるしかありませんから，2 つの独立変数と従属変数の値の組合せは空間上に浮いた点になります。それをすべて集めると，空間上に浮いた（直線ではなく）平面になります。

3.2.2　一次関数の傾きと切片

　一次関数は直線ですから，どこか 2 つの点の位置が分かれば，その 2 点を通る直線として描くことができます。一番簡単なのは，x と y をそれぞれ 0 とおいた場合のそれぞれ y と x の値（一次関数の直線が通る縦軸と横軸の切片）を考える方法です。前項の一次関数では，そのような値がそれぞれ $y=3$ と $x=-1.5$ になることが暗算でも計算できますから，2 つの点を結ぶ直線を引けば完了します。

　しかし，証券アナリストが扱う一次関数の場合は，その直線の縦軸の切片と，直線の傾きとに注目するのが通常です。直線の傾きは一次関数の式の独立変数 x の係数が示しているのでした。傾きは，独立変数 x の値が 1 だけ変化した場合に関数ないしは従属変数 y の値が幾ら変化するかを表します。前項の図では，x が 0 から 2 まで変化すると y は 3 から 7 まで 4 だけ変化しますので，$4 \div 2 = 2$ がこの関数の直線の傾きになります。それぞれの変化の幅を Δ という記号で表すことにすると，傾きは $\Delta y \div \Delta x$ です。

　一次関数の直線の傾きの意味は，独立変数 x の変化に対する従属変数 y の変化の倍率ないしは感応度を示している，ということもできます。実際，英語では係数を coefficient といい，掛け算に使う数だと説明されています。

3.2.3　関数と方程式

　ここで，関数の値を 1 つに決め打ちすることを考えましょう。例えばその値を 0 とすると，次式のとおりです。

$$y = f(x) = ax + b = 0$$

こうすると，x の一次方程式になりますね。独立変数の値が決まれば従属変数の値が 1 つに決まる関係を逆にして，従属変数 y の特定の値をもたらす独立変数 x の値を表現する式になっています。そのような x の値を求めることを，「方程式を解く」というのでした。経済学・ファイナンス理論で

関数を多用するのも，この関係を利用するためです。関数の式を決めることができれば問題を解くことができるではないか，というわけです。

2つの一次関数の式を同時に成り立たせるような x と y の値の組合せを求めるのも，関数の式を方程式として扱う場面です。次の例題で，連立一次方程式の解法のおさらいをしておきましょう。

例 題

次の 2 つの関数の式を同時に成り立たせる x と y の値を求めなさい。

$$\begin{cases} 4x-2y=7 \\ 5x+y=12 \end{cases}$$

解答

ファイナンスの問題を考える場面で使う一次関数は，多くの場合，上記の形式になっています。2本の式は y を x の一次式の形で表していませんが，式を変形すれば，x を独立変数とし，y を従属変数とする通常の一次関数の形になります。次のように，一方の式をそのような形に変形して他方の式に代入する方法が1つの解法でした。

$$4x - 2y = 7$$
$$2y = 4x - 7$$
$$y = \frac{4}{2}x - \frac{7}{2} = 2x - 3.5$$

この y の式を，下の方の式の y に代入します。

$$5x + y = 5x + (2x - 3.5) = 12$$
$$7x = 12 + 3.5 = 15.5$$
$$x = \frac{15.5}{7} \approx 2.214$$

求めた x の値をどちらかの式に代入して y の値を求めます。下の方の式に代入することにします。

$$5x + y = 5 \times 2.214 + y = y + 11.07 = 12$$
$$y = 12 - 11.07 = 0.93$$

2本の式の一方の変数の係数が同じになるようにする値をどちらかの式に掛け算し，式の両辺同士（辺々）を足すかまたは引いて片方の変数を消去する方法もありました。下の方の式を2倍して，式の辺々を足してみることにします。

$$\begin{array}{r} 4x - 2y = 7 \\ +)\ 10x + 2y = 24 \\ \hline 14x = 31 \\ x \approx 2.214 \end{array}$$

ところで，連立一次方程式の解は，2本の一次関数の直線の両方の上にある点の変数の値の組合せですが，2本の直線の交点以外には，そのような点はありません。2本のグラフに交点があるのは，連立方程式の2本の式が（グラフにしたときに平行ではないという意味で）「互いに異なっている」ときです。この条件が満たされている場合には，連立一次方程式には必ず解があります。3つの変数の場合は，3本の異なる式があれば同様となります。

　裁定取引の余地がないような金融資産の価格を考える際には，この条件が満たされるという仮定が設けられることになります。

3.3　二次関数

3.3.1　二次関数の式の形とグラフの頂点の位置

　二次関数は，次のように独立変数の二次式で表される関数です。ポートフォリオ理論では，二次関数の知識をフル活用することになります。

$$y = ax^2 + bx + c \quad (a \neq 0)$$

　一番単純な次の図のケース（$a=1$ または-1，$b=c=0$ のケース）で二次関数の特徴を確認しておくことにしましょう。

2次関数のグラフ

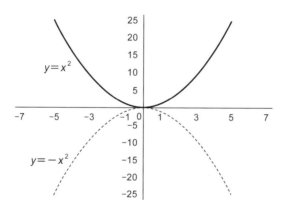

　二次関数の第一の特徴は，x の2乗の項の係数がプラスの場合には，グラフは下に向かって膨らんだ形（下に凸）になり，マイナスの場合には上に向かって膨らんだ形（上に凸）になることです。また，2乗の計算が含まれているため，例えば $y=x^2$ では $x=2$ の場合と $x=-2$ の両方に同じ $y=4$ が対応しますが，関数の値は1つに決まっているので，関数の定義を満たしています。この点が第2の特徴です。独立変数の複数の値が従属変数の1つ

の値に対応する場合を多対一対応といい，一次関数のように必ず一対一になっている場合を一対一対応といいました。

　a の値が 1 または －1 ではないケースでは，二次関数の曲線の幅が変化し，定数項が加わると頂点の位置が上下します。さらに，b の値が 0 以外になれば，頂点の位置が左右に変化します。このような違いはあっても，x の 2 乗の項の係数がプラスであるかマイナスであるかによって最小値（または最大値）をもつことに変わりはありません。

3.3.2　平方完成による頂点の位置の確認

　二次関数の頂点の位置は，関数の式を 2 乗の形に変形すること（平方完成）によって確認することができました。ちょっと面倒ですがおさらいしておきましょう。

$$
\begin{aligned}
y &= ax^2 + bx + c \\
&= \underbrace{a\left(x^2 + \frac{b}{a}x\right)}_{a をくくり出す} + c \\
&= a\left(x^2 + 2\cdot\frac{b}{2a}x + \underbrace{\left(\frac{b}{2a}\right)^2 - \left(\frac{b}{2a}\right)^2}_{同じものを加えて引く}\right) + c \\
&= a\underbrace{\left(x^2 + 2\cdot\frac{b}{2a}x + \left(\frac{b}{2a}\right)^2\right)}_{\left(x+\frac{b}{2a}\right)^2 の形} \underbrace{- a\left(\frac{b}{2a}\right)^2}_{カッコの外に出した} + c \\
&= a\left(x + \frac{b}{2a}\right)^2 \underbrace{- \frac{b^2 - 4ac}{4a}}_{定数項を整理した}
\end{aligned}
$$

$$
頂点\ (x,\ y) = (-\frac{b}{2a},\ -\frac{b^2 - 4ac}{4a})
$$

頂点の位置が分かれば，二次関数の最大値または最小値と，その点における独立変数 x の値が分かりました。もっとも，本書で後に取り上げる微分を使えば，もっと簡単にその点の値を求めることができます。

頂点の位置（座標）を考えてみましょう。上記の最後の辺の 2 乗のカッコの外にある項は，定数だけで構成されています。したがって，x の値が変化しても影響を受けません。一方，カッコの 2 乗になっている項では，$x=-(b/2a)$ となる場合にカッコの中がゼロになり，ゼロの 2 乗（$=0$）と a とを掛け算した項全体もゼロになります。このゼロという値は，（a が正なら）項全体としての最小値，（a が負なら）最大値ですね。二次関数全体では，上記の最後の辺の定数の項の値が最小値または最大値になります。

以上の考え方は，独立変数が複数ある二次関数の場合でも同様です。違いは，例えば独立変数が 2 つある二次関数（3 次元）の場合には，「∩」または「∪」のような断面をもつ器を空間に浮かべた形になることです。独立変数が 3 つ（4 次元）以上になると，関数を視覚的に描くことは不可能です。それでも，数学の世界では「n 次元の空間」というものを考えますからすごいですね。

3.3.3　平方根の分数の計算

上の計算をみて，二次方程式の解の公式を思い出した人がいると思います。その前に，平方根の計算について確認しておきましょう。

まず，分数の 2 乗を振り返ります。分数の掛け算は分子同士と分母同士の掛け算なので，次のとおりになります。

$$\left(\frac{a}{b}\right)^2 = \left(\frac{a}{b}\right) \times \left(\frac{a}{b}\right) = \frac{a \times a}{b \times b} = \frac{a^2}{b^2}$$

次に，平方根の分数の計算ですが，平方根が，それを 2 乗すると $\sqrt{}$（ルート）記号の中の数になる値であったことを思い出してください。

$$(\pm\sqrt{a})^2 = a \quad (a>0)$$

　ここでは実数の範囲内で考えているので，2乗の結果である a はプラスです。例えば2乗すると4になる数（4の平方根）には＋2と－2の2つありますが，マイナスの方は「－」をつけて $-\sqrt{}$ と表し，両方を示す場合は $\pm\sqrt{}$ とすることになっていました。平方根の分数の計算については，次の関係が成り立ちます。

$$\frac{\sqrt{a}}{\sqrt{b}} = \sqrt{\frac{a}{b}} \quad (a>0, b>0)$$

　この点を確認するには，次のように，式の両辺を2乗します。その際には，先ほどの分数の2乗の計算を使います。

$$\left(\frac{\sqrt{a}}{\sqrt{b}}\right)^2 = \frac{(\sqrt{a})^2}{(\sqrt{b})^2} = \frac{a}{b}$$

$$\left(\sqrt{\frac{a}{b}}\right)^2 = \frac{a}{b}$$

　これで，ルートの分数と分数のルートが互いに同じ値であることが分かります。というのも，上の方の式と下の方の式の左辺は，どちらも正の数の2乗です。2乗して同じ値になる正の数は1つしかありませんから，両者が一致するということができるわけです。もう1つ，次式も成り立つことに注意しておきましょう。

$$\sqrt{a}\sqrt{b} = \sqrt{ab} \quad (a>0, b>0)$$

　確認するには，上記と同様に，両辺を2乗した結果が同じになることを確かめます。

$$(\sqrt{a}\sqrt{b})^2 = (\sqrt{a}\sqrt{b}) \times (\sqrt{a}\sqrt{b}) = (\sqrt{a})^2 \times (\sqrt{b})^2 = ab$$
$$(\sqrt{ab})^2 = ab$$

3.3.4　二次方程式の解の存在と頂点の位置

次の二次方程式を考えます。

$$ax^2 + bx + c = 0 \quad (a \neq 0)$$

この方程式に解があるということは，この二次関数の値が 0 になる点（横軸上の点）がある，ということです。そのような点がある場合には，この二次関数の曲線は，横軸と交わるかまたは接することになるでしょう。そうなるための条件が次式の判別式の条件として示されることを，思い出した人もいると思います。

$$b^2 - 4ac \geq 0$$

この条件が満たされているとしましょう。上記の方程式の解を見付けるには，平方完成の次の結果を使い，右端の辺の値を 0 と置いた式を x について整理します。

$$\begin{aligned}
y &= ax^2 + bx + c \\
&= a\left(x + \frac{b}{2a}\right)^2 - \frac{b^2 - 4ac}{4a} = 0 \\
a\left(x + \frac{b}{2a}\right)^2 &= \frac{b^2 - 4ac}{4a} \\
\underbrace{\left(x + \frac{b}{2a}\right)^2 = \frac{b^2 - 4ac}{4a^2}}_{\text{両辺を}a\text{で割った}}
\end{aligned}$$

左辺が 2 乗の形なので，平方根をとります。平方根にはプラスとマイナスの両方があったことに注意しましょう。

$$x + \frac{b}{2a} = \pm\sqrt{\frac{b^2 - 4ac}{4a^2}} = \pm\frac{\sqrt{b^2 - 4ac}}{\sqrt{4a^2}}$$

$$x = -\frac{b}{2a} \pm \frac{\sqrt{b^2 - 4ac}}{\sqrt{4a^2}} = -\frac{b}{2a} \pm \frac{\sqrt{b^2 - 4ac}}{\underbrace{\sqrt{4}\sqrt{a^2}}_{=2a}}$$

最後の辺をまとめると，次のとおりになります。

$$x = \frac{-b \pm \sqrt{b^2 - 4ac}}{2a}$$

a がプラスの場合とマイナスの場合を区別する必要がないか疑問に感じた人がいるかも知れません。違いが生じるのは分子のルート記号の順番ですが，±としても∓としても同じことなので，±としてまとめられます。

例題

次の二次方程式を解きなさい。

$$-3x^2 + 4x + 1 = 0$$

解の公式に値を代入して整理します。

解答

$$x = \frac{-b \pm \sqrt{b^2 - 4ac}}{2a} = \frac{-4 \pm \sqrt{4^2 - 4 \times (-3) \times 1}}{2 \times (-3)}$$

$$= \frac{-4 \pm \sqrt{16 + 12}}{-6} = \frac{-4 \pm \sqrt{28}}{-6} \approx \frac{-4 \pm 5.2915}{-6}$$

$$x \approx -0.215, 1.549$$

第4章 関数の微分

4.1 微分とは

微分は，独立変数が変化したときの，従属変数の変化の幅（感応度）を導き出す作業だといってよいでしょう。

一次関数の場合は独立変数の係数が感応度を示してくれますが，二次関数以上ではグラフが曲線になるので，係数を見ただけでは感応度を判断することができません。そこで，関数のグラフ曲線の接線（直線）の傾きを調べるという発想が生まれます。次の図は，$y = x^2$ の接線のうち1つの例を示しています。

2次関数のグラフの接線

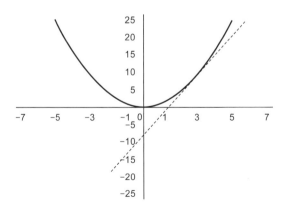

一方が曲線で他方が直線ですから，接点から離れれば，お互いの値の差（縦軸方向の距離）が徐々に大きくなって行きます。しかし，横軸の x の値の変化（Δx）がごく小さいなら，接線と曲線との間のずれも小さくなります。したがって，接線の傾きをもとに計算される Δy は，ほぼ曲線の縦軸方向の変化幅と同じだ，ということができるでしょう。微分に関しては「ほぼ」というところがポイントです。数学ではこの点を「近似的に」と表現します。微分はそもそも「大体」なのですから，大らかな気持ちで読み進んでください。

　微分の手順を視覚的に表すと，次の図のようになります。

微分の視覚的な表現

　最初の接点から適当に Δx だけ x の値を変化させ，それに対応する y の変化幅 Δy との比率を計算します。その上で，Δx を限りなく 0 に近付けるという「極限操作」を行います。連続複利のところでも登場した極限値ですね。

 **微分の計算**

4.2.1 微分の計算

そのような計算を実際に行ってみましょう。最初は $y = x^2$ にします。どこか適当な x の値に対応する $y = f(x)$ の値と，x がそこから Δx だけ変化した場合の y の値は，それぞれ次の 2 式のとおりになります。

$$f(x) = x^2$$
$$f(x + \Delta x) = (x + \Delta x)^2 = x^2 + 2\Delta x \cdot x + (\Delta x)^2$$

この 2 つ点を通る直線の傾き（$\Delta y \div \Delta x$）を計算します。

$$\frac{\Delta f(x + \Delta x) - f(x)}{(x + \Delta x) - x} = \frac{(x^2 + 2\Delta x \cdot x + (\Delta x)^2) - x^2}{(x + \Delta x) - x}$$
$$= \frac{2\Delta x \cdot x + (\Delta x)^2}{\Delta x}$$
$$= 2x + \Delta x$$

ここで，Δx を限りなく 0 に近付けます。この極限操作の結果，Δx はほぼ 0 となって消え，$2x$ だけが残ります。

$$\lim_{\Delta x \to 0} (2x + \Delta x) = 2x$$

つまり，$y = x^2$ の接線の傾きの式は $y = 2x$ になります。微分の結果であることを示すために，「′」を付けて次のように表しておきましょう。

$$f'(x) = 2x$$

同様な計算を，$y = x^3$ の場合についても行うと，以下のとおりになります。ここでは Δy を $\Delta f(x)$ と表すことにします。最後の極限操作の段階で，Δx がほぼ 0 とみなされるので Δx がある項がすべて消えることに注意してください。

$$f(x) = x^3$$
$$f(x + \Delta x) = (x + \Delta x)^3 = x^3 + 3x^2 \cdot \Delta x + 3x \cdot (\Delta x)^2 + (\Delta x)^3$$
$$\Delta f(x) = f(x + \Delta x) - f(x) = 3x^2 \cdot \Delta x + 3x \cdot (\Delta x)^2 + (\Delta x)^3$$
$$\frac{\Delta f(x)}{\Delta x} = \frac{3x^2 \cdot \Delta x + 3x \cdot (\Delta x)^2 + (\Delta x)^3}{\Delta x}$$
$$= 3x^2 + 3x \cdot \Delta x + (\Delta x)^2$$
$$\lim_{\Delta x \to 0} \{3x^2 + 3x \cdot \Delta x + (\Delta x)^2\} = 3x^2$$
$$f'(x) = 3x^2$$

2乗の場合と同様に，もとの最初の項が引き算の結果消え，2番目の項だけが残ります。残った2番目の項では，指数が係数になるのとともに，次数が1つ下がっています。一方，3番目以降の項にはすべてΔxの掛け算が含まれていますから，Δxを0に近付けた後では，項全体が0になると考えることができます。$(x + \Delta x)$のn乗の展開には規則性がありますので，xの指数が自然数である限り，4乗，5乗，…について計算を行っても同様になります。

そこから進んで，指数の範囲を整数，分数および実数の場合まで拡大することができるという点は，後で述べる微分の公式を用いて証明されますが，そのプロセスは省略することにします。結果を一般的な形で表すと次のとおりです。

$$f(x) = ax^n \quad (a \neq 0)$$
$$f'(x) = n \cdot ax^{n-1}$$

例：$(6x^3)' = 3 \cdot 6 \cdot x^{3-2}$
$$= 18x^2$$

微分した結果もxの関数になっていることに注目してください。そのため，結果の式を**導関数**といいます。

4.2.2　一次関数と定数の微分

　$y=3x$ のような一次関数の場合は，上記の公式を当てはめるまでもなく，係数だけが微分の結果として残るということができます。というのも，一次関数は直線です。その接線とは自分自身であり，それ以外の直線は接するのではなく交わる直線になります。したがって，一次関数の接線の傾きは，自分自身の傾き，すなわち x の係数になるわけです。

　また，$f(x)=y=2$ などの定数の形の関数を微分すると，常に 0 になって消えてしまいます。そもそもこの式が x の関数になっているか疑問に感じる人もいるかも知れません。x のすべての値に 2 という y の値が対応しているという点が特殊なだけで，x の値が決まれば y の値が 1 つに決まるという，関数の性質は保たれていますから，やはり x の関数になります。さらに，この関数の直線は，縦軸の $y=2$ の位置を通る水平な直線です。水平な直線では，x をどれだけ変化させても y の値が同じ 2 に留まる（$\Delta y=0$ となる）ので，傾きの計算の分子が 0 になります。つまり傾きは 0 です。定数の場合は，接線の傾きが 0 なのですから，微分した結果は必ず 0 となり，消えると記憶しておいてください。

微分の公式

　微分には，便利な公式が幾つかあります。証券アナリストの仕事に関係して最も多用されるのは，次式の関数の**和の微分**でしょう。

$$(f(x)+g(x))' = f'(x)+g'(x)$$

　ここまでの微分の計算が，項 1 つだけの関数の微分だったことを思い出してください。項が複数ある関数の場合にはそれぞれの項を微分した結果を合計すればよい，というのが和の微分の公式です。和の極限値が極限値の和に等しくなるという極限値の数学的な性質から導き出されます。和の微分の公式は，例えば次の例題のように適用します。

> **例 題**
>
> 次の二次関数を微分しなさい。
>
> $$y = f(x) = 6x^2 - 4x - 25$$

解答

$$y' = f'(x) = (6x^2)' + (-4x)' + (-25)'$$
$$= 12x - 4$$

2つ目の公式は，次式の**積の微分**の公式です。

$$(f(x)g(x))' = f'(x) \cdot g(x) + f(x) \cdot g'(x)$$

2つの関数の積になっている関数を微分するには，それぞれ一方をそのままにしておいて他方の導関数を掛け算した和を求めればよい，という公式です。導出は，次のようになります。この証明は参考ですので，気にする必要はありません。

$$\frac{f(x+\Delta x)g(x+\Delta x) - f(x)g(x)}{\Delta x}$$

$$= \frac{f(x+\Delta x)g(x+\Delta x) \overbrace{- f(x)g(x+\Delta x) + f(x)g(x+\Delta x)}^{\text{同じものを加えて引く}} - f(x)g(x)}{\Delta x}$$

$$= \frac{f(x+\Delta x)g(x+\Delta x) - f(x)g(x+\Delta x)}{\Delta x} + \frac{f(x)g(x+\Delta x) - f(x)g(x)}{\Delta x}$$

$$= \underbrace{\frac{\{f(x+\Delta x) - f(x)\}}{\Delta x}}_{\text{極限値をとると}f'(x)} \cdot \underbrace{g(x+\Delta x)}_{\text{極限値をとると}g(x)} + \underbrace{\frac{\{g(x+\Delta x) - g(x)\}}{\Delta x}}_{\text{極限値をとると}g'(x)} \cdot f(x)$$

> **例 題**
>
> 次の関数を微分しなさい。
>
> $$h(x) = (x^2 - 3x)(2x + 4)$$

解答

関数 $h(x)$ を次の 2 つの関数の積だと考えて，積の微分の公式を当てはめます。

$$f(x) = x^2 - 3x$$
$$f'(x) = 2x - 3$$
$$g(x) = 2x + 4$$
$$g'(x) = 2$$
$$\begin{aligned}h'(x) &= f'(x) \cdot g(x) + f(x) \cdot g'(x) \\ &= (2x - 3)(2x + 4) + (x^2 - 3x) \times 2 \\ &= 4x^2 + 8x - 6x - 12 + 2x^2 - 6x \\ &= 6x^2 - 4x - 12\end{aligned}$$

しかし，$h(x)$ の式を次のように展開すれば，積の微分の公式に頼らずに，和の微分の公式だけで解決することができます。

$$h(x) = 2x^3 - 2x^2 - 12x$$

積の微分の公式は，具体的な数式になっている関数を取り扱う場面よりもむしろ，関数の記号のままで式を変形する場面において威力を発揮します。証券アナリスト試験に合格した後に経済学やファイナンス理論の本格的なテキストを読む段階までは必要ない，といってよいでしょう。次に取り上げる合成関数の微分および商の微分の公式も同様です。

ともあれ，次の公式は次式の**合成関数の微分**です。

$$\left[g(f(x))\right]' = g'(f(x)) \cdot f'(x)$$

これは，関数 g が，x の関数 f のそのさらにまた関数になっている場合の公式です。ここでも，例を紹介することにします。次の関数を考えてください。

$$f(x) = f(g(x)) = (2x+1)^2$$

$$f'(x) = f'(g(x)) = [(2x+1)^2]'$$

この関数は，$2x+1$ という x の一次関数がさらに 2 乗されていますので，合成関数です。合成関数の公式を当てはめて微分すると，次のとおりになります。$2x+1=X$ という風に，大文字の X に置き換えて考えてみてください。

$$f'(x) = \underbrace{2(2x+1)}_{(X^2)'} \cdot \underbrace{2}_{(2x+1)'} = 8x+4$$

直感的には，$2x+1$ がわずかに変化したときのその 2 乗の変化である $2(2x+1)$ を最初に計算し，次に，x がわずかに変化したときの $2x+1$ の変化である 2 と掛け算する 2 段階の計算だ，と理解することができます。それによって，x がわずかに変化したときの $(2x+1)^2$ の変化の幅にたどり着きます。合成関数の微分の公式は，対数の微分や，債券のデュレーション，コンベクシティという指標の計算式の導出に使われます。

最後の公式は，次式の**商の微分**です。

$$\left(\frac{f(x)}{g(x)}\right)' = \frac{f'(x) \cdot g(x) - f(x) \cdot g'(x)}{(g(x))^2}$$

この公式も，証券アナリスト試験の範囲で取り扱うことはまずない公式ですので参考です。導出には，積の微分の公式と合成関数の微分の公式を使うことにだけ触れておくことにします。

微分の表記と偏微分

4.4.1 微分の表記

微分を表す方法としては，「′」（ダッシュ）を使うのが一般的です。もう1回微分した場合には「″」をつけ，3回微分した場合には「‴」を付けます。そのほかに，次の表示もよく使用されます。

$$\frac{dy}{dx}$$

2回微分した場合は次のとおり表示します。

$$\frac{d^2y}{dx^2}$$

このほかの表記もあります。何種類もの表記があるのは，過去の偉大な数学者がそれぞれ独自の記号を用いていたのがそのまま現在まで残っているからだ，とされています。

微分の表記に関しては，次のような，偏微分と呼ばれる微分を表すものもあります。

$$\frac{\partial z}{\partial x}$$

4.4.2 偏微分

偏微分は，複数の独立変数がある関数を1つの独立変数の関数だと考え，その他の独立変数は定数だとみなして行う微分です。次式の例を通じて，偏微分の手順を考えることにしましょう。

$$z = f(x, y) = 2x^2 - 4xy + 3y^2$$

この関数を x について微分する方法としては，y に具体的な値（例えば 4 と 7）を代入し，x だけの関数の形にして地道に微分することが考えられます。この関数には複数の項が含まれているので，各項を微分し，和の微分の公式を適用して足し算として結果を導くことになります。

$$z = f(x,4) = 2x^2 - 4x \times 4 + 3 \times 4^2 = 2x^2 - 16x + 48$$
$$z' = 4x - 16$$
$$z = f(x,7) = 2x^2 - 4x \times 7 + 3 \times 7^2 = 2x^2 - 28x + 147$$
$$z' = 4x - 28$$

　他方，偏微分では，他の独立変数を定数と考え，記号のまま定数として扱いながら微分を行います。言い換えると，上記の関数の x の 1 次の項の係数が $-4y$ であり，最後の y の 2 乗も定数だとみなすわけです。結果は次のとおりになります。

$$\frac{\partial z}{\partial x} = 4x - 4y$$

　x の 1 次の項は係数だけが残り，定数項は消えています。この結果の式の y に 4 と 7 を代入しても，先ほどの地道な方法の結果と同じになることを確認してください。

　証券アナリスト試験の 1 次レベルでは，偏微分を用いる場面はまずありません。2 次レベルでは，資産の種類（資産クラス）が無リスク資産（その定義については 8.5.5 で触れます。），株式および債券といった 3 種類ある場合や，リスクのある複数の種類の資産を取り扱いますので，偏微分を理解しておく必要があります。

4.5 関数の最大値と最小値

次の図にイメージが示してある 2 つの二次関数の曲線に注目しましょう。

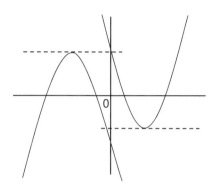

左側は上に凸な最大値をもつ（x の 2 乗の項の係数が負の）二次関数である一方，右側は下に凸な最小値をもつ（x の 2 乗の項の係数が正の）二次関数ですが，頂点の接線が水平であることは共通です。したがって，これらの 2 次関数の最大値または最小値を求めるには，接線の傾き（導関数）の値が 0 になる点を探せばよい，ということになります。

関数の曲線の接線の傾きは導関数が示してくれますから，導関数の値を 0 と置いた方程式を作って解けば，関数の最大値または最小値をもたらす独立変数の値が分かります。その値をもとの関数に代入すれば，関数の最大値または最小値を求めることができます。

厳密には，例えば関数の曲線に頂点が複数ある場合や，そもそも頂点がない場合（一部の三次関数などのケース），あるいは，独立変数の範囲が限定される場合（例えば，持っていない金融資産を借りてきて売却する**空売り**という取引が禁止されるケースです。）などを想定した条件を考慮する必要がありますが，実務上問題となることはまずないので，詳細は割愛します。

例 題

次の二次関数の最小値を求めなさい。

$$f(x) = x^2 - 4x + 4$$

解答

x の 2 乗の項の係数が正の値ですから，この関数には最小値があることが分かります。目ざとい人は，この関数の式が $x-2$ の 2 乗の形になっているので $x=2$ のときに最小値になり，そのときの関数の値が 0 だということに気付いたかも知れません。ともあれ，上記の手順を当てはめて最小値を求めてみます。

$$f'(x) = (x^2 - 4x + 4)' = 2x - 4 = 0$$
$$2x = 4$$
$$x = 2$$
$$f(2) = 2^2 - 4 \times 2 + 4 = 4 - 8 + 4 = 0$$

例 題

次の二次関数の最大値を求めなさい。

$$g(x) = -3x^2 + 7x - 2$$

解答

今度は x の 2 乗の項の係数が負の値の関数なので，最大値があることが分かります。次のように手順どおりに最大値を求めます。

$$g'(x) = (-3x^2 + 7x - 2)' = -6x + 7 = 0$$
$$-6x = -7$$
$$x = \frac{-7}{-6} \approx 1.167$$
$$g(1.167) = -3 \times 1.167^2 + 7 \times 1.167 - 2$$
$$= -4.08567 + 8.169 - 2 \approx 2.083$$

第4章 関数の微分

> **例題**
>
> 次の関数の最大値を求めなさい。
>
> $z = h(x,y) = (x + 6y + 2) - 0.04 \times (36x^2 + 28.8xy + 144y^2)$

解答

x および y の両方の 2 乗の項の係数がマイナスですので、この関数には最大値があることが分かります。それぞれの独立変数について偏微分した導関数の値を 0 と置いた連立方程式を作ります。

$$\begin{cases} \dfrac{\partial z}{\partial x} = -2.88x - 1.152y + 1 = 0 \\ \dfrac{\partial z}{\partial y} = -11.52y - 1.152x + 6 = 0 \end{cases}$$

上の式を x について解き、その結果を下の式に代入して y を求め、その後 x を求めます。

$$x = \frac{-1.152}{2.88}y + \frac{1}{2.88} = -0.4y + 0.347222$$

$$-11.52y - 1.152x + 6$$
$$= -11.52y - 1.152 \times (-0.4y + 0.347222) + 6 = 0$$
$$-11.0592y = -5.6$$
$$y = \frac{-5.6}{-11.592} \approx 0.506$$

$$x = -0.4y + 0.347222$$
$$\approx -0.4 \times 0.506 + 0.347222$$
$$\approx 0.145$$

第5章 積分

5.1 定積分の考え方

積分は，微分の逆の操作です。

ここでは，関数の曲線の下の部分の面積を求める場合である**定積分**を取り上げることにします。下の図の関数 $f(x)$ の曲線と横軸との間の，x の値が a から b までの区間の面積を求めたいとしましょう。

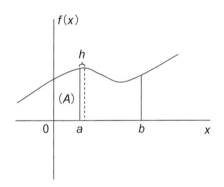

それには，a の位置から図の h のようなごくわずかな幅を取った部分を考えます。$f(x)$ の曲線はなめらかですから，幅 h がごく小さい場合には曲線の縦軸方向の位置も変化せず，a から上に伸びる実線と，そこから h だけ右に移動した破線で囲まれた部分を細長い長方形だと考えて差し支えないでしょう。そのため，この長方形の高さは a の位置における $f(x)$ の値，すなわち $f(a)$ だと考えましょう。

ところで，上記の長方形は，0 から a の位置までの $f(x)$ の曲線と横軸との間の部分の面積 (A) の増分 ΔA だ，と見ることもできます。面積 (A) を $F(a)$，同様に，縦軸から $a+h$ までの範囲（0 から $a+h$ までの x の区間に対応する面積）を $F(a+h)$ と表すことにすれば，次式が成り立ちます。

$$\Delta A = \underbrace{f(a) \times h}_{\text{長方形の面積}} = F(a+h) - F(a)$$

$$f(a) = \frac{F(a+h) - F(a)}{h}$$

下の方の式が，関数 $F(x)$ を $F(a)$ の位置で微分する式に似ていることに注目してください。実際，h を 0 に限りなく近付ければまさしくその微分の計算になります。つまり，$F(a)$ を微分すると $f(a)$ になるわけです。このように，関数 $f(x)$ の曲線の下の部分の面積を独立変数の関数とみなすなら，面積を表す関数 $F(x)$ を微分すると $f(x)$ になる，という関係があります。

最後に，前掲の図の a から b までの範囲の部分の面積は，x の値が 0 と b との間となる部分の面積から，0 と a との間となる部分の面積 (A) を引けば求めることができます。

結局，関数 $f(x)$ の曲線と横軸との間の部分の面積は，①微分するとその関数になる別の関数 $F(x)$（**原始関数**と呼ばれます。）を考え，次に，②面積を求める区間の右端の x の値に対応する $F(b)$ の値から，左端の x の値に対応する $F(a)$ の値を引けば，求めることができるわけです。以上が定積分の手順です。

5.2 計算例と補足事項

例えば,関数 $f(x)=3x^2$ の曲線の $x=2$ から $x=4$ までの区間の横軸との間の面積を求める手順は,次のとおりになります。

$$f(x)=3x^2$$
$$F(x)=x^3$$
$$(F'(x)=3x^{3-1}=3x^2=f(x))$$
$$F(4)-F(2)=4^3-2^3=64-8=56$$

積分は「$\int$」(インデグラル)という記号を使って表され,区間 a から b までの定積分の場合には次式のように表現します。

$$\int_a^b f(x)dx = [F(x)]_a^b = F(b)-F(a)$$

ここで紹介した定積分に対して,面積を求めようというのではなく,原始関数だけを求める場合は**不定積分**といわれます。

なお,前掲の図で,関数 $f(x)$ の下側部分を,a から b の位置まで非常に多くの縦長の長方形に分けることをイメージしてみてください。その部分の面積は,これらの長方形の面積の合計になりますから,積分すなわち面積を求めることは長方形の面積を足し上げることと同じだ,と考えることができます。積分の本質は足し算である,と考えておくことにしましょう。

証券アナリストの知識として積分を適用する場合としては,正規分布などに従う確率変数の期待値の計算がありますが,入門の範囲を超えますので詳細は割愛します。

第6章

その他の数学の項目

6.1 等比数列の和の公式

次に示す数の集まりのように，前の数字に決まった値を掛け算した結果が順番に並んでいるものを，**等比数列**といいました。

$$a, ar, ar^2, ar^3, \cdots, ar^n$$

a は初項，r は公比といいます。等比数列の和は**等比級数**と呼ばれ，その式は証券アナリストの仕事でもしばしば登場します。株価の代表的なモデルである定率成長配当割引モデルがそうですし，マクロ経済学の財政支出乗数および金融論の議論の貨幣乗数もそうです。

とは言っても，結果の公式を記憶して適用するという場面はほとんどありません。ここでは，無限に続く等比数列の和，すなわち無限等比級数の値の式を導くプロセスについてだけ述べ，その他の事項は省略することにします。企業の株式の価値が将来の配当の現在価値の合計に一致すると考えて，その価値を計算しようとしている場面をイメージしてください。企業は継続企業（going concern）だと考えられていますから，その配当も未来永劫継続するだろうと想定します。具体的な状況設定は証券分析とポートフォリオ・マネジメントのテキストに委ねることにしますが，この場合の株式の価値の計算は，無限等比級数の値の計算になります。

無限等比級数の列は無限に続くので，そもそも列に和があるといえるための条件が必要です。直観的には，無限等比数列の項の値が先に行くほど小さ

くなり，最後にはほぼ 0 になる，ということが必要だといえるでしょう。そうでなければ，無限にある項を足し上げた結果も無限の値になってしまう（発散してしまう）からです。この条件を満たすために，公比 r の絶対値が 1 より小さいことが必要になります（$-1 < r < +1$）。そうすると，後の項ほど小さな値になりますから，ある段階から先の項の値は 0 とみなすことができるほど小さくなるでしょう。項の数が無限にあるにもかかわらず，合計が一定の値に収まる（収束する）といえるわけです。次式の無限等比級数の両辺に公比 r を掛ければ，その下の式になります。そのさらに下は，両式の辺々を引いた結果です。

$$\begin{array}{r} S = a + ar + ar^2 + ar^3 + \cdots \\ -)\quad r \cdot S = ar + ar^2 + ar^3 + ar^4 + \cdots \\ \hline (1-r)S = a \end{array}$$

一番上の式の右辺の 2 番目以降の項は，2 つ目の式の最初の項と順番に対応しています。そして，どちらも無限に続きますから，この打ち消し合いも延々と続くことになり，右辺同士の引き算では，一番上の式の最初の a しか残らないわけです。3 番目の式を整理すれば，無限等比級数の値を示す次式になります。

$$S = \frac{a}{1-r}$$

前述したように，等比数列の和の公式は考え方の方が重要ですので，例題は省略します。両辺に同じ値を掛け算して辺々を引く，という手順と，無限等比級数の値の収束の条件を記憶しておきましょう。

6.2 事後的な収益率の計算方法

本書の第2章で取り上げた利子率の計算を思い出してください。元本，利子率および最終的な返済額（将来価値）の枠組みには，不確実な要素は何も含まれていませんでした。同様に，例えば金融資産の購入から1年経過した後に，その間の実績としての**収益率**ないしは**リターン**（当初の元本1円当たりの損益）を計算する場面も，不確実な要素がないので比較的シンプルです。

とは言え，複数の期間にまたがる場面では，本項で取り上げる問題を考えておく必要もあります。

6.2.1　1期間のリターンの事後的な計算

例えば1年間のように期間が1つだけの場合には，分母に当初の元本額を置き，分子に収益の金額を置いて1円当たりに置き換え，計算結果から1を引けば，リターンの実績値を求めることができます。受け取った利息，分配金や配当だけでなく，その時点の金融資産の時価が収益に含まれること（解約または市場での売却によって，その時点の時価で換金することができると仮定しています。）を除けば，何も変わったことはありません。

1年前に100円で購入した株式の配当金を2円受け取り，現在の時価が107円である場合の1年間の収益率を r とすると，その計算は次のとおりになります。

$$r = \frac{2 + 107}{100} - 1 = 0.09 = 9\%$$

6.2.2 複数の期間のリターンの事後的な計算（複利計算）とスポット・レート

複数の期間にまたがって投資運用を行った場合に，その期間全体を通じたリターンをどう考えればよいでしょうか。

一番シンプルなのは，途中で利息の支払いが行われず，満期に額面金額という金額が一括して返済される**割引債**（**ゼロ・クーポン債**ともいいます。）の場合です。「元本」ではなく「額面」金額という用語が使われるのには理由があります。満期時に支払われる額面金額は，購入者が当初実際に支払った金額（元本）が幾らになったかにかかわらず，発行の際に条件として決められていた固定額（円建て債券の場合は通常 100 円）です。元本額と同じになるのはむしろ稀な場合でしょう。そこで，元本と区別する必要があるわけです。

ともあれ，正確に 3 年前に 94.232 円で購入した割引国債の額面 100 円の償還金を今日受け取ったとします。3 年間の累積の事後的なリターンは，次式のとおり 6.12%です。

$$\frac{100}{94.232} - 1 = 1.061211 - 1 \approx 0.061211 \approx 6.12\%$$

では，年平均の事後的なリターンは幾らになるでしょうか。通常は，年 1 回払いの複利で考えます。3 年間の場合は年間のグロスのリターン（1＋リターン）の 3 乗として計算されますから，逆に 3 年間の累積の 3 乗根を取って，年平均のリターンを求めます。年平均のリターンを r と表すことにします。

$$1 + r = \sqrt[3]{1.061211} \approx 1.02$$
$$r = 2\%$$

このような平均の計算方法を幾何平均（相乗平均）ということを思い出した人もいるでしょう。6.12%を 3 で割った 2.04%は，算術平均（相加平均）と呼ばれるのでした。

ちなみに，額面 100 円の割引国債の価格（上記の例では 94.232 円）から，

対応する期間の割引ファクターが直ちに分かる，という点に注目しておきましょう．割引国債の価格とは将来の額面の現在価値ですから，額面が 100 円なら，将来の 1 円の現在価値は，割引国債の現在の価格の 100 分の 1 になります．上記の例では 0.94232 ですね．

もちろん，割引国債の利子率を割引計算の分母に用いれば，利子率をもとに現在の価格（額面の現在価値）が計算されるという関係になります．上記の割引国債の価格（P とします．）の計算は次のとおりになります．

$$P = \frac{100}{(1+0.02)^3} = 100 \times \frac{1}{(1+0.02)^3} \approx 100 \times 0.94232$$

$$= 94.232 円$$

割引国債の利子率は，**スポット・レート**と呼ばれます．また，債券の価格計算を表現する式に用いられる利子率を，一般的に**最終利回り**といいます．信用リスク・モデルの分野では連続複利が用いられますので，スポット・レートも，割引国債の「瞬間的な」利回りになります．

6.2.3 複数の期間のリターンの事後的な計算（時間加重収益率）

3 年間の投資を行ったところ，当初の 10,000 円が下表のように変化したとします．

当初	1年目末	2年目末	3年目末
10,000 円	10,700 円	11,128 円	11,017 円

1 年目から 3 年目までのリターンがそれぞれ 7％，4％および −1％であったことは，それぞれの期間末の金額をそれぞれの期間の初めの金額で割り算し，1 を引くことによって，簡単に確認できます．前項と同じ発想で年平均のリターンを求めるとすると，3 年目末の 11,017 円を当初の 10,000 円で割った値の 3 乗根をもとに，次のように計算することができます．年平均の

リターンを r とします。

$$r = \sqrt[3]{\frac{11,017}{10,000}} - 1 = \sqrt[3]{1.1017} - 1 \approx 1.0328 - 1$$
$$= 0.032812 = 3.28\%$$

　状況を少し変えて，次の表のケースではどうでしょうか。ただし，1年目末に5,000円の資金を追加投入し，2年目末にはその時点の金額から6,000円の資金を引き出していたとします。投資信託に投資していたケースなら，1年目末に5,000円分の追加の申込みをし，2年目末に6,000円分解約した場合（または分配金の支払いを受けた場合）に相当します。表の中の**キャッシュ・フロー**という用語は，投資家の立場から見た資金の支出または受取りを指します。

	当初	1年目末	2年目末	3年目末
	10,000 円	15,700 円	10,328 円	10,225 円
資金の追加		5,000 円	0 円	0 円
資金の引出し		0 円	6,000 円	0 円
キャッシュ・フロー加減後		10,700 円	16,328 円	10,225 円

　このケースでは，各年末の金額を比較し，その値を各年のリターンだと考えることは，適切ではありません。この資金の運用を任されていたマネージャーの立場になってみてください。顧客の追加申込みや解約（または分配金の支払い）といった要因によるキャッシュ・フローは，マネージャーが左右できない要因です。マネージャーとしての運用能力を正確に伝えるには，その影響を取り除いた後のリターンを提示する必要があるでしょう。

　言い換えると①キャッシュ・フローの影響を除いてから各年のリターンを計算し，②その値をもとに年平均のリターンを計算する必要があります。

　この例では，各年のリターンは前の表と同じにしてあります。1年目から

第6章 その他の数学の項目

3年目までのリターンがそれぞれ7%，4%および−1%ですから，年平均のリターン（rとします。）は次のとおり計算されます。

$$1+r = \sqrt[3]{(1+0.07)(1+0.04)(1-0.01)} \approx \sqrt[3]{1.1017} \approx 1.0328$$
$$r \approx 1.0328 - 1 = 0.0328 = 3.28\%$$

こうして計算される事後的なリターンを**時間加重収益率**といいます。

6.2.4 複数の期間のリターンの事後的な計算（金額加重収益率）

(1) 利付債の最終利回り

複数の期間のリターンを複利計算で求める方法は，もう1つあります。**金額加重収益率**と呼ばれる方法ですが，金額加重収益率の計算の構造を理解する準備として，**利付債**ないしは**クーポン債**の**最終利回り**の概念が必要になります。利付債は，満期までの途中で利息（クーポン）が支払われる債券です。最終利回りは，利付債の現在の価格を，そのクーポンと額面の現在価値の合計として示すための，「単一の」利子率です。この点については，6.3.1で改めて詳しく述べます。

円建ての利付債では半年ごとにクーポンが支払われるのが通常ですが，簡単に利払いが年1回だとしましょう。国債でしたら支払いが確実だといえますから，額面が100円で**クーポン・レート**（クーポン金額÷額面）が2%の期間3年の利付国債を仮定します。現在の価格は101円だとしましょう。

現在の価格	債券がもたらすキャッシュ・フロー		
	1年後	2年後	3年後
101円	2円	2円	102円

この利付国債の価格を，毎回のキャッシュ・フローの現在価値の合計として表現することを考えます。さらに，計算に使われる利子率は，どの期

間についても同じ y という小数になるとします（以下本書では，現在価値ないしは価格を計算するために用いられる利子率のような率を，割引計算に用いる率という意味で**割引率**とも呼ぶことにします。）。

それぞれのキャッシュ・フローの割引計算に，対応する年数分の複利計算を適用すれば，この債券の価格は次式で表現されるでしょう。

$$101 = \frac{2}{1+y} + \frac{2}{(1+y)^2} + \frac{102}{(1+y)^3}$$

右辺の最後の項の分子が 102 円になるのは，額面だけでなく最後のクーポンも 3 年後に支払われるからです。利付債に関連する計算でうっかりすることが多いポイントなので注意しましょう。

式の両辺に $(1+y)$ の 3 乗を掛け算した次式をみると，価格を表現する上記の式が y の三次方程式になっていることが分かります。

$$101 \times (1+y)^3 = 2 \times (1+y)^2 + 2 \times (1+y) + 102$$

この方程式を解けば y を求める事ができますが，手計算で解くのは大変です。パソコンの表計算ソフトを使って式を解くと，$y \fallingdotseq 1.656\%$になります。

(2) 金額加重収益率

金額加重収益率は，利付債の利回り計算と同じ方法を，運用の成果に「事後的に」適用して求められる収益率です。前項の例に適用してみましょう。

途中で発生するキャッシュ・フローの取扱いに注意してください。解約や分配金の受取りは，利付債の満期までに受け取るクーポンと同様に正の値として右辺に置き，追加申込みのような，投資家の立場から見た資金の流出は，負の値にして右辺に置く必要があります。前項の例では，1 年後の資金の追加分を−5,000 円とし，2 年後の 6,000 円の引出し分を＋6,000 円と

して右辺に含め，割引計算の式を作ります。利付国債の価格に対応する左辺の金額は，出発点の 10,000 円，右辺の最後の項は 10,225 円です。年平均のリターンを r とします。

$$10{,}000 = \frac{-5{,}000}{1+r} + \frac{6{,}000}{(1+r)^2} + \frac{10{,}225}{(1+r)^3}$$

PC の表計算ソフトを用いて式を解くと，$r \fallingdotseq 3.48\%$ になります。

こうして計算した金額加重収益率が，時間加重収益率（この例の場合は 3.28%）よりも高くなったことに注目してください。その原因は，リターンが 3 年目（−1%）と比較して相対的に高くなった 2 年目（4%）の前に資金を 5,000 円追加した結果，2 年目の成果の良さが増幅され，逆に，相対的に低くなった 3 年目の前に 6,000 円を引き出した結果，3 年目の成果の悪さが弱められたことです。金額加重収益率は，マネージャーの運用能力を測定するのには適しないと考えられます。

なお，利付債の最終利回りないしは金額加重収益率の計算方法は，コーポレート・ファイナンスの分野で**内部収益率**として，および，財務会計の分野ではリースの借り手の債務額の計算と満期保有目的債券の会計処理における**実効金利**として，事前の段階で用いられています。

例題

次の表の 2 年間の投資の時間加重収益率と金額加重収益率を求めなさい。単位は円です。

	当初	1 年目末	2 年目末
	13,000	16,780	18,122
資金の追加		3,000	0
資金の引出し			
キャッシュ・フロー加減後		13,780	18,122

解答

時間加重収益率は，各年初（ないしは前年末）のキャッシュ・フロー加減後の金額と年末の金額を比較して年毎のリターンを計算し，その幾何平均として求めます。期間が 2 年間ですから平方根を取ります。

1 年目 $\dfrac{13{,}780}{13{,}000} = 1.06$

2 年目 $\dfrac{18{,}122}{16{,}780} \approx 1.08$

$$\begin{aligned}1+r &= \sqrt{1.06 \times 1.08} \\ &= \sqrt{1.1448} \\ &\approx 1.069953 \\ r &= 1.069953 - 1 \\ &\approx 0.07 \\ &= 7\%\end{aligned}$$

金額加重収益率は，次式を満たす r です。1 年目末の資金の追加を $-3{,}000$ として右辺で割り引くことに注してください。

$$13{,}000 = \dfrac{-3{,}000}{1+r} + \dfrac{18{,}122}{(1+r)^2}$$

このままでは計算しづらいので，$1+r$ を X とおいて，X の 2 乗を両辺に掛けます。

$$13{,}000 = \dfrac{-3{,}000}{X} + \dfrac{18{,}122}{X^2}$$
$$13{,}000 X^2 = -3{,}000 X + 18{,}122$$
$$13{,}000 X^2 + 3{,}000 X - 18{,}122 = 0$$

二次方程式の解の公式を当てはめて X を求めます。

$$X = \frac{-3{,}000 \pm \sqrt{3{,}000^2 - 4 \times 13{,}000 \times (-18{,}122)}}{2 \times 13{,}000}$$

$$= \frac{-3{,}000 \pm \sqrt{9{,}000{,}000 + 942{,}344{,}000}}{2 \times 13{,}000}$$

$$= \frac{-3{,}000 \pm \sqrt{951{,}344{,}000}}{26{,}000}$$

$$\approx \frac{-3{,}000 \pm 30{,}844}{26{,}000}$$

$$\approx 1.071, \ -1.302$$

運用の結果として資金が増えていることは明らかですから、負の値の解はあり得ません。したがって $X=1.071$ となります。r は X から 1 を引いた $0.071 = 7.1\%$ です。

6.3 利付国債の価格評価

6.3.1 利付国債の最終利回りと事後的なリターン

6.2.4 では、利付債の最終利回りを取り上げました。かつては、利付債の価格が最終利回りによって決定されるという考え方が中心的でした。

この考え方の背景には、利付債の最終利回りがその収益率を示している、という理解がありました。割引債なら、購入時点で代金を支払って満期に額面の償還を受けるだけです。返済が確実だと考えられる割引国債の場合は、この 2 時点だけの金額をもとにして確実な収益率を計算することができますので、購入した段階で最終的なリターンも確定している、といってよいでしょう。例えば、額面が 100 円で満期まで 3 年、利子率（利回り）が 5％ の割引国債の価格（P とします。）は次のとおりになります。

$$P = \frac{100}{(1+0.05)^3} = 100 \times \frac{1}{1.157625}$$

$$\approx 100 \times 0.86384 = 86.384 \text{円}$$

3年後に額面100円の償還を受けた時点で,当初の86.384円と比較して事後的なリターンを求めれば,5%になるはずです。他方,額面が100円で満期まで3年,クーポン・レートが3%（年1回払い）,利回りが5%という利付国債はどうでしょうか。最終利回りをもとに価格（Pとします。）を計算すると,次のとおりです。

$$P = \frac{3}{1+0.05} + \frac{3}{(1+0.05)^2} + \frac{103}{(1+0.05)^3}$$

$$= 3 \times \frac{1}{1.05} + 3 \times \frac{1}{1.1025} + 103 \times \frac{1}{1.157625}$$

$$\approx 3 \times 0.95238 + 3 \times 0.90703 + 103 \times 0.86384$$

$$\approx 94.554$$

　この利付国債を今日94.554円で購入した場合に,3年後の最終的金額から計算される事後的なリターンは,最終利回りと同じ5%になるでしょうか。答えは,「分からない」です。その点を確認するために,最終利回りによるこの利付国債の価格計算式の両辺に同じ値を掛け算すると,次のようになります。

$$94.554 \times (1+0.05)^3$$
$$= \left\{ \frac{3}{1+0.05} + \frac{3}{(1+0.05)^2} + \frac{103}{(1+0.05)^3} \right\} \times (1+0.05)^3$$
$$= 3 \times (1+0.05)^2 + 3 \times (1+0.05) + 103$$

　式の左辺は,94.554円を5%のリターンで3年間運用した場合の将来価値を示しています。右辺は,1年後に受け取るクーポン3円を5%で2年間,および2年後に受け取るクーポン3円を5%で1年間運用した上で,3年後に額面100円および最後のクーポン3円を受領すれば,3年後の将来価値の合計が左辺の値に一致することを示しています。言い換えると,途中で受領したクーポン額を,最終利回りと同じリターンで満期まで運用する必要があるわけです。クーポンの運用収益率は**再投資収益率**と呼ばれますので,こ

の用語を使って言い換えると,利付債の事後的なリターンが最終利回りと一致するには,再投資収益率が最終利回りと同じになる必要があるわけです。

6.3.2 実効利回り

上記のように,割引国債の場合とは異なり,利付国債の最終利回りは,その国債の将来のリターンを必ずしも示しません。将来のリターン(の想定値)を求めるには,再投資収益率の想定を設けた上で最終的な合計金額を計算し,その金額を 3 年分割り引いたとすれば現在の価格になるような収益率(**実効利回り**)を計算する必要があります。上記の例の利付国債の再投資収益率の想定値が 2%だとすると,計算は次のとおりです。

$$3\times(1+0.02)^2 + 3\times(1+0.02) + 103$$
$$= 3.1212 + 3.06 + 103 = 109.1812$$

$$\sqrt[3]{\frac{109.1812}{94.554}} \approx \sqrt[3]{1.1547} \approx 1.0491$$

1 年後に受け取るクーポンの再投資期間は 3 年後までの 2 年間,2 年後に受け取るクーポンの再投資期間は 3 年後までの 1 年間です。この場合の実効利回りは 4.91%になります。

6.3.3 スポット・レートによる利付債価格の計算

利付債の最終利回りには曖昧さが伴うので,利付債の価格は,最終利回りが最初に決まり,それを将来のキャッシュ・フローに適用して計算される,という形式では説明されません。個々のクーポンと最後のクーポン・額面償還金のそれぞれに,対応する期間の別々のスポット・レートを適用した現在価値の合計として表現されます。例えば,1 年から 3 年までの各年のスポット・レート(割引国債の最終利回り)が下表のとおりとなっているとしましょう。

	1年	2年	3年
スポット・レート（％）	4.03	4.05	5.03

　この表のスポット・レートを用いて前項の利付国債の価格（P とします。）を求めると，次のようになります。

$$P = \frac{3}{1+0.0403} + \frac{3}{(1+0.0405)^2} + \frac{103}{(1+0.0503)^3}$$
$$\approx 3 \times 0.96126 + 3 \times 0.92367 + 103 \times 0.86310 \approx 94.554$$

　上記の計算の背景には，現代ファイナンス理論の基本的原理である**一物一価の法則**があります。この例の利付国債が，額面 3 円で満期が 1 年後，額面 3 円で満期が 2 年後および額面 103 円で満期が 3 年後という，（額面が 100 円ではない点が変則的ですが）3 つの割引国債を集めたポートフォリオと同じものだと考えます。利付国債とこのポートフォリオとを比較すると，どちらも同じ時点で同じ金額をもたらします。それなら両者は金融資産としては同じ（一物）だということができ，現在の価格も一致する（一価）はずだ，というわけです。

6.4　対数

6.4.1　対数とべき乗

　例えば，2 の 4 乗が 16 になるというべき乗の関係は次式のとおり表現されました。

$$2^4 = 16$$

　対数は，べき乗の計算の逆方向の，べき乗の結果から指数の値への対応付け（関数）です。上記の関係を，「2 をべき乗して 16 になる数を探すと 4 になる。」という関係に読み替えます。「log」（ログ：logarithm）という文字を

使って読替え後の関係を表すことにし，次式のように記述します。

$$\log_2 16 = 4$$

べき乗の式の 2 を「底」と呼んだことを思い出してください。それと同様に，上式の対数の値 4 は「2 を底とする 16 の**対数**」といわれ，べき乗の結果になる 16 は**真数**と呼ばれます。

べき乗の底が正の実数に限定されることを思い出してください。この条件は対数でも同様です。言い換えると，底は正の値に限られます。さらに，底は 1 以外の数とする必要があります。1 は何乗しても 1 のままですから，1 を底とする対数を考えるとすると，真数も 1 以外にはあり得ません。一方，1 を何乗しても 1 になるということは，1 を底とする 1 の対数の値が 1 つに決まらない（関数の定義に反する。）ということを意味しているからです。

ところで，例えば 2 の −30 乗は 2 の 30 乗分の 1 という分数です。ほぼ 0 に近い値にはなりますが，負にはなりません。この関係を対数の形式に書き換えると，次のとおりです。

$$2^{-30} = \frac{1}{2^{30}} \approx \frac{1}{1{,}073{,}741{,}824} = 0.0000000009$$
$$\log_2 0.0000000009 = -30$$

この例は，べき乗の指数の部分である対数の値が実数全体の範囲に及び得る，ということを示唆しています。

ちなみに，実数の 1 乗はその実数自身ですから，次の関係が成り立つことも記憶しておきましょう。

$$a^1 = a \Rightarrow \log_a a = 1$$

真数が底のべき乗の形になっている場合には次の関係になるということも，うっかりして見落としがちな点です。

$$\log_a a^m = m$$

6.4.2 対数の計算規則

前項で述べたように,対数はべき乗の式の指数の値を取り出して真数に対応付けする関数になっています。わざわざそのような変換を行うのは,その結果として計算が非常に簡単になるからです。対数が考えられたのは,もともとは天文学者が計算を簡単にするためだったとされています。

対数はべき乗の式の書き換えですから,指数法則もそのまま受け継いでいます。そのため,指数法則と同様に演算が一段階簡単になるという,次の 3 つの演算法則が,対数についても成り立ちます。

1. 掛け算の対数は対数の和になる。
2. べき乗の対数は指数の値との掛け算になる。
3. 割り算の対数は対数の引き算になる。

1 番目の性質は,べき乗の掛け算の場合に指数部分がその和になるという指数法則を,2 番目の性質は,べき乗をべき乗する場合に指数部分がその掛け算になるという指数法則を,そして 3 番目の性質は,べき乗の割り算の場合に指数部分がその引き算になるという指数法則を反映しています。

簡単な計算例による確認と併せてこれらを式に書くと,以下のとおりです。

○ 1 番目の性質 　　$\log_a xy = \log_a x + \log_a y$

例:$\log_2(8 \times 4) = \log_2 32 = \log_2 2^5 = 5$
$= 3 + 2 = \log_2 2^3 + \log_2 2^2 = \log_2 8 + \log_2 4$

指数法則が対数のこの性質になって現れることを確認するには,次のような x と y,および両者の積を考えます。

$$x = a^m,\ y = a^n$$
$$xy = a^m \times a^n = a^{m+n}$$

a を底とする x および y の対数は,それぞれ m および n となります。

$$\log_a x = m,\ \log_a y = n$$

以上の点をもとに，a を底とする $x \times y$ の対数を求めると，次のとおりになります。

$$\log_a xy = \log_a(a^m \times a^n) = \log_a a^{m+n}$$
$$= m+n = \log_a x + \log_a y$$

対数の 2 番目と 3 番目の性質については証明を省略しますが，同じようにして導かれるものだと思っておけば十分でしょう。

○ 2 番目の性質　　$\log_a x^m = m \log_a x$

例：$\log_2 5^3 = \log_2(5 \times 5 \times 5) = \log_2 5 + \log_2 5 + \log_2 5 = 3 \log_2 5$

○ 3 番目の性質　　$\log_a \dfrac{x}{y} = \log_a x - \log_a y$

例：$\log_2 \dfrac{64}{8} = \log_2 8 = 3 = 6 - 3 = \log_2 2^6 - \log_2 2^3$
$\qquad = \log_2 64 - \log_2 8$

6.4.3　自然対数と連続複利

対数の底は，1 以外の正の実数であれば差し支えありませんから，e＝2.7828…を底にすることもできます。e を底とする対数を**自然対数**といいます。

ここで，r という年利の連続複利の計算が次のとおりとなったことを思い出してください。

$$e^r$$

一方，年 1 回払いの年利が i だとします。1 年間では 1 円が $(1+i)$ 円になりますが，この i を連続複利の利子率に置き換えることを考えてみましょう。i が分かっている場合に，上記の e の r 乗と $(1+i)$ が等しくなるような r を求める，ということです。この関係は，次式によって表現されます。

$$e^r = 1+i$$

両辺の間にべき乗の関係がありますので，e を底とする自然対数に書き換えることができます。

$$\log_e(1+i) = r$$

当然ですが，e を r 乗すれば，$(1+i)$ に戻すことができます。

$$e^r = 1+i$$

このように，年1回払いの年利 i を連続複利の利子率に置き換えるには，$(1+i)$ の自然対数を求めればよいわけです。さらに，複数年にわたる計算でも，通常の年利の計算を連続複利の計算に置き換えることができます。もちろん，利子率だけでなくリターンの場合も同様です。

例 題

次の3年間のリターン（単位はパーセント）をそれぞれ連続複利に換算した上で，3年間の累積リターンと平均リターンを計算しなさい。

1年目	2年目	3年目
5.5	8.6	−3.0

解答

まず，各年のリターンを連続複利に換算します。関数電卓または表計算ソフトを利用しましょう。

1年目　$\log_e(1+0.055) = \log_e 1.055 \approx 0.053541$

2年目　$\log_e(1+0.086) = \log_e 1.086 \approx 0.082501$

3年目　$\log_e(1-0.03) = \log_e 0.97 \approx -0.030460$

次に，3年間の累積リターンを求めます。e のべき乗を3回掛け算する必要がありそうですが，2.6 で述べたように，上記

の 3 つの連蔵複利のリターンを足し算するだけで済みます。この関係を確認しておきましょう。

$$e^{0.053541} \times e^{0.082501} \times e^{-0.030460}$$
$$= e^{0.053541+0.082501-0.030460}$$
$$= e^{0.105582} \approx 1.111358$$

5 年間の累積リターンは，連続複利では約 10.56%と表示され，べき乗の計算の結果（実際の累積リターン）は約 11.14%になります。この結果が，毎年のリターンを$(1+i)$の形式で表して計算した結果と一致することを，確認してみてください。

3 年間の平均リターンも，指数法則を適用すれば，3 年分の和を 3 で割るだけで済むことが次のように確認できます。

$$\sqrt[3]{e^{0.053541} \times e^{0.082501} \times e^{-0.030460}}$$
$$= (e^{0.053541+0.082501-0.030460})^{\frac{1}{3}}$$
$$= e^{\frac{1}{3} \times (0.053541+0.082501-0.030460)}$$
$$= e^{\frac{1}{3} \times 0.105582} = e^{0.035194} \approx 1.035821$$

年平均の収益率は連続複利では約 3.52%と表示され，べき乗の計算の結果（年 1 回複利の年利の形式）は約 3.58%になります。毎年のリターンを$(1+i)$の形式で表して計算した結果と一致することを，確認してみてください。

第 7 章

数学の応用

テイラー展開

　テイラー展開は，関数の式の近似式を示す公式です。証券アナリストが接する場面としては，債券の修正デュレーションとコンベクシティの計算の場面や，将来のリターンの平均と分散に関する投資家の目的関数の導出があります。さらに，本書では取り上げませんが，ブラック＝ショールズ式などの確率過程の応用場面でも登場します。

7.1.1　平均値のまわりのテイラー展開

　実数 x の関数 $f(x)$ があったとして，その式を別の，もっと簡単な式で表現しようというのが，テイラー展開の発想です。近似は，起点となる値を決めて行います。

　例えば，変数 x の平均値 μ（ミュー）を起点とすることにします。μ は，平均値を示す英単語 mean の頭文字 m に対応するギリシャ文字です。この場合のテイラー展開による近似を，平均のまわりのテイラー展開といいます。

　具体的には，関数 $f(x)$ が，x の色々な値と平均値 μ との差 $(x-\mu)$ を右辺に置いた次式で表現される，と想定します。

$$f(x) = a + b(x-\mu) + c(x-\mu)^2 + d(x-\mu)^3 + \cdots$$

　a，b などは，この後求める定数です。$x=\mu$ である場合には，この式の右辺の第 2 項以降の，定数と掛け算される値がすべて 0 になりますから，$f(\mu)$

の式は次のとおりになります。

$$f(\mu) = a + b\underbrace{(\mu-\mu)}_{=0} + c\underbrace{(\mu-\mu)}_{=0}^2 + d\underbrace{(\mu-\mu)}_{=0}^3 + \cdots$$
$$= a$$

これで，最初の定数 a の値が $f(\mu)$ であり，次式が成り立つことが分かりました。

$$f(x) = f(\mu) + b(x-\mu) + c(x-\mu)^2 + d(x-\mu)^3 + \cdots$$

次に，$f'(x)$ を考えます。

$$f'(x) = b + 2c(x-\mu) + 3d(x-\mu)^2 + \cdots$$

$f(\mu)$ は関数 $f(x)$ の特定の値（定数）ですから，微分によって消えました。$f(x)$ の式の 2 番目の項では，x の係数 b が残っています（$-b\mu$ は定数ですから消えました。）。3 番目の項にあるカッコの 2 乗は，$(x-\mu)$ という x の関数の 2 乗という合成関数なので合成関数の公式を適用するか，あるいは 2 乗を展開して微分すると，$2(x-\mu)$ が c に掛け算されることが確認できます。その後の項も同様に，同様な法則性をもって続いて行きます。この導関数に $x=\mu$ を代入すれば，次のように導関数の 2 つ目以降の項はすべて 0 になって消えます。

$$f'(\mu) = b + 2c(\mu-\mu) + 3d(\mu-\mu)^2 + \cdots$$
$$f'(\mu) = b$$

これで，b の値が $f'(\mu)$ になることまで分かりました。さらに，$f(x)$ の導関数をもう 1 回微分した次の導関数を計算します。

$$f''(x) = 2c + 2 \cdot 3d(x-\mu) + \cdots$$

微分の手順は 1 回目の微分と同じなので，説明を割愛します。$f''(\mu)$ では，以上と同様に 2 番目以降の項がすべて 0 になります。

$$f''(\mu) = 2c + 2 \cdot 3d \cdot (\mu - \mu) + \cdots$$
$$f''(\mu) = 2c$$
$$c = \frac{1}{2}f''(\mu)$$

こうして a から c までの値が分かりましたから，c の値まで使って $f(x)$ の近似式を書き直すと，次のとおりになります．

$$f(x) = f(\mu) + f'(\mu) \cdot (x - \mu) + \frac{1}{2}f''(\mu) \cdot (x - \mu)^2$$

この近似式は，$f(x)$ を 2 回微分したところまで使っているので，「2 階までのテイラー展開」といいます．1 回微分したところまでの近似式を表す次式は，「1 階までのテイラー展開」といいます．

$$f(x) = f(\mu) + f'(\mu) \cdot (x - \mu)$$

テイラー展開の起点となる値は，どんな値でも差し支えありません．起点を x とし，関数 $f(x)$ の近似式を $f(x + \Delta x)$ とする次式の形式をとることもできます．

$$f(x + \Delta x) = f(x) + f'(x) \cdot \underbrace{(x + \Delta x - x)}_{=\Delta x} + \frac{1}{2}f''(x) \cdot \underbrace{(x + \Delta x - x)^2}_{=(\Delta x)^2}$$

$$f(x + \Delta x) - f(x) = f'(x) \cdot (\Delta x) + \frac{1}{2}f''(x) \cdot (\Delta x)^2$$

次項の例題で，テイラー展開について確認することにしましょう．

7.1.2　債券の修正デュレーションとコンベクシティ

ここでは債券の**修正デュレーション**と**コンベクシティ**の数学的説明を，例題を解きながら説明することにします。

> **例　題**
>
> 次の表の満期まで 2 年の利付国債の価格を 2 階までのテイラー展開によって近似し，最終利回りがΔy だけ変化した場合の価格変化率の式として表現し直しなさい。
>
> | | |
> |---|---|
> | 額面 | 100 円 |
> | クーポン・レート | 2.0% |
> | 利払い | 年 1 回 |
> | 現在の価格 | 98.087 円 |
> | 現在の最終利回り | 3.0% |

解答

長い解説になりますので，段階的に述べていきます。

1. 債券の価格を最終利回りの関数として把握する

　まず，この債券の次の価格計算式を確認してください。

$$98.087 = \frac{2}{1+0.03} + \frac{102}{(1+0.03)^2}$$

額面が 100 円でクーポン・レートが 2%（年 1 回利払い）ですから，毎回のクーポン金額は 2 円になります。次に，この価格計算式の利回りを y とし，価格を $f(y)$ として次式のように書き換えてみます。この y が利回りを意味する y であって通常の関数の従属変数ではなく，独立変数だ，ということに注意しましょう。

$$f(y) = \frac{2}{1+y} + \frac{102}{(1+y)^2}$$

こうすると,債券の価格 $f(y)$ が利回り y の関数になっていることがはっきりします。そこで,利回り y が変化した場合の債券価格の変化幅を計算したいという問題意識が生まれます。それには,本項の本文の最後に挙げたテイラー展開の公式を当てはめればよいわけです。

2. **2回目までの微分**

とは言っても,独立変数が分母にありますから,このままでは微分できません。そこで,$1+y=X$ と置き換えるとともに,分母をマイナスのべき乗の形式に書き換えて微分します。

$$f(y) = \frac{2}{X} + \frac{102}{X^2} = 2X^{-1} + 102X^{-2}$$
$$f'(y) = -1 \times 2X^{-1-1} - 2 \times 102 X^{-2-1}$$
$$= -2X^{-2} - 2 \times 102 X^{-3}$$

X をもとの $1+y$ に戻し,マイナスのべき乗を分数の形に書き換えれば,次のとおりになります。

$$f'(y) = -2(1+y)^{-2} - 2 \times 102(1+y)^{-3}$$
$$= -1 \times \frac{2}{(1+y)^2} - 2 \times \frac{102}{(1+y)^3}$$

さらに,この導関数をもう一回微分します。上の X の式で考えると微分のプロセスが見えやすいでしょう。今回は,一気に分数の形に戻すように式を示します。

第7章 数学の応用

$$\begin{aligned}f''(y) &= (-2X^{-2} - 2 \times 102 X^{-3})' \\ &= -2 \times (-2) X^{-2-1} - 2 \times (-3) \times 102 X^{-3-1} \\ &= 2 \times 2 X^{-3} + 2 \times 3 \times 102 X^{-4} \\ &= 1 \times 2 \times \frac{2}{(1+y)^3} + 2 \times 3 \times \frac{102}{(1+y)^4}\end{aligned}$$

以上の微分は厳密には y の一次関数 $(1+y)$ の関数 (合成関数) の微分ですが, $(1+y)$ を y で微分すると 1 になるので, その部分は省略してあります。

3. テイラー展開への代入

これで，債券価格 (ここからは f ではなく P で表すことにします。) の 2 階までのテイラー展開の準備が整いました。2 つの微分の結果を 2 階までのテイラー展開の公式に当てはめれば，次のとおりになります。

$$\begin{aligned}P(y + \Delta y) = P(y) &+ \left\{-1 \cdot \frac{2}{(1+y)^2} - 2 \cdot \frac{102}{(1+y)^3}\right\} \cdot \Delta y \\ &+ \frac{1}{2}\left\{1 \cdot 2 \cdot \frac{2}{(1+y)^3} + 2 \cdot 3 \cdot \frac{102}{(1+y)^4}\right\} \cdot (\Delta y)^2\end{aligned}$$

y の変化分を Δy としていることに注意して前掲のテイラー展開の式と比較してみてください。

両辺から $P(y)$ を引けば，利回り y が変化した場合の債券価格の変化幅が近似的に分かります。それを ΔP と表せば，次式のとおりです。

$$\begin{aligned}\Delta P = &\left\{-1 \cdot \frac{2}{(1+y)^2} - 2 \cdot \frac{102}{(1+y)^3}\right\} \cdot \Delta y \\ &+ \frac{1}{2}\left\{1 \cdot 2 \cdot \frac{2}{(1+y)^3} + 2 \cdot 3 \cdot \frac{102}{(1+y)^4}\right\} \cdot (\Delta y)^2\end{aligned}$$

さらに，価格変化幅ではなく，価格変化率で表現してみます。両辺を P で割るだけですね。

$$\frac{\Delta P}{P} = \frac{1}{P} \cdot \left\{ -1 \cdot \frac{2}{(1+y)^2} - 2 \cdot \frac{102}{(1+y)^3} \right\} \cdot \Delta y$$
$$+ \frac{1}{2} \cdot \frac{1}{P} \cdot \left\{ 1 \cdot 2 \cdot \frac{2}{(1+y)^3} + 2 \cdot 3 \cdot \frac{102}{(1+y)^4} \right\} \cdot (\Delta y)^2$$

ここまでで，債券の修正デュレーションとコンベクシティの実体がすべてそろいました。

4. **修正デュレーションとコンベクシティ**

上記の式の右辺第 1 項の Δy が掛け算される部分は，債券の**修正デュレーション**と呼ばれています。ただし通常は，符号をひっくり返して次式のように表現します。

$$\text{修正デュレーション} = -\frac{1}{P} \cdot \left\{ -1 \cdot \frac{2}{(1+y)^2} - 2 \cdot \frac{102}{(1+y)^3} \right\}$$
$$= -\frac{1}{P} \cdot \frac{dP}{dy}$$

上記 3. の最後の式の，右辺第 2 項の Δy の 2 乗および 1/2 が掛け算される部分は，債券の**コンベクシティ**と呼ばれています。修正デュレーションと同様に示しておきましょう。

$$\text{コンベクシティ} = \frac{1}{P} \cdot \left\{ 1 \cdot 2 \cdot \frac{2}{(1+y)^3} + 2 \cdot 3 \cdot \frac{102}{(1+y)^4} \right\}$$
$$= \frac{1}{P} \cdot \frac{d^2 P}{dy^2}$$

修正デュレーションとコンベクシティを適用する公式を掲載すると際限がなくなりますので，証券分析とポートフォリオ・マネジメントのテキストに譲ることにします。ここでは，

利回りの変化に対する債券価格の変化幅・変化率を求める際に 2 階までのテイラー展開を用いる理由だけ述べておきます。

　1 階までの微分では，起点となる独立変数の値に対応する従属変数の値の位置から直線（接線）を伸ばして変化幅を近似しようとします。しかし，関数が曲線になっている場合には，独立変数の変化幅がごく小さい間は近似の正確さ（精度）が保たれますが，段々に大きな変化になって行くと，それにつれて近似の精度も低下します。そこで，1/2 が掛け算される 2 階の微分まで用いたテイラー展開を適用し，近似の精度を高めることになります。

　横軸に債券の最終利回り，縦軸に債券価格をとったグラフを描くと，下側に向かって膨らんだ形になります。英語ではこのような形状を convex（コンベックス）だといい，上記の近似の精度の低下の原因になっています。そこで，2 階までの近似の項をコンベクシティと呼ぶわけです。

　最後になりますが，修正デュレーションとコンベクシティの計算式のそれぞれのキャッシュ・フローに掛け算する定数には，修正デュレーションでは 1, 2, 3, …となり，コンベクシティでは 1・2, 2・3, 3・4, …となって行くという法則性があります。分母の指数がそれぞれ 1 回目と 2 回目の微分によって前に出てくるからですね。上記の例では示してありませんが，満期が 3 年以上の場合も同様な計算になります。

5. **例題の解答**

　長い解説になりましたが，価格変化率を示す 2 階までのテイラー展開の式は次のとおりになります。

$$\frac{\Delta P}{P} = \underbrace{\frac{1}{P} \cdot \left\{ -1 \cdot \frac{2}{(1+y)^2} - 2 \cdot \frac{102}{(1+y)^3} \right\}}_{-(\text{修正デュレーション})} \cdot \Delta y$$

$$+ \frac{1}{2} \cdot \underbrace{\frac{1}{P} \cdot \left\{ 1 \cdot 2 \cdot \frac{2}{(1+y)^3} + 2 \cdot 3 \cdot \frac{102}{(1+y)^4} \right\}}_{\text{コンベクシティ}} \cdot (\Delta y)^2$$

$$= \frac{1}{98.087} \cdot \left\{ -1 \cdot \frac{2}{(1+0.03)^2} - 2 \cdot \frac{102}{(1+0.03)^3} \right\} \cdot \Delta y$$

$$+ \frac{1}{2} \cdot \frac{1}{98.087} \cdot \left\{ 1 \cdot 2 \cdot \frac{2}{(1+0.03)^3} + 2 \cdot 3 \cdot \frac{102}{(1+0.03)^4} \right\} \cdot (\Delta y)^2$$

$$\approx -1.923 \cdot \Delta y + \frac{1}{2} \cdot 5.581 \cdot (\Delta y)^2$$

この例題の債券の場合は，利回りが 1%（0.01）上昇すると価格が約 1.90％低下する計算になることを，確認してみてください。

7.2 対数の微分と対数近似

6.4.1 で述べたように，対数は，べき乗の計算の指数を取り出す関数です。真数 x を独立変数とし，その自然対数を従属変数とする場合を式で表せば，次のとおりです（自然対数は「$\log_e$」とせずに「$\ln$」（log natural の略）とされる場合も多いので，ここでは後者の表記を用います。）。

$$y = f(x) = \ln x$$

横軸に正の実数 x をとり，縦軸にその自然対数をとった次の図を描くと，右上がりの一対一の対応関係になっていることが視覚的にも明らになります。これなら微分もできるはずです。

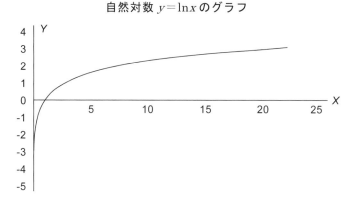

自然対数 $y = \ln x$ のグラフ

7.2.1 対数の微分

 正の実数を x で表し，その自然対数を微分してみることにします。具体的には，$(x+\Delta x)$ の自然対数と x の自然対数との差を Δx で割り算する分数の Δx を 0 に近付ける，という計算になります。出発点は次式です。

$$\frac{\ln(x+\Delta x) - \ln x}{\Delta x} = \frac{1}{\Delta x}\{\ln(x+\Delta x) - \ln x\}$$

 割り算の対数が対数の引き算になること，および，べき乗の対数がその指数と対数の掛け算になることを用いて式を変形します。

$$\frac{1}{\Delta x}\{\ln(x+\Delta x) - \ln x\} = \frac{1}{\Delta x}\ln\frac{x+\Delta x}{x}$$
$$= \frac{1}{\Delta x}\ln\left(1+\frac{\Delta x}{x}\right) = \ln\left(1+\frac{\Delta x}{x}\right)^{\frac{1}{\Delta x}}$$

 最後の辺のカッコの中の分母と分子を逆にします（それぞれの逆数がそれぞれ「分子」と「分母」になります。）。

$$\ln\left(1+\frac{\Delta x}{x}\right)^{\frac{1}{\Delta x}} = \ln\left(1+\frac{\frac{1}{x}}{\frac{1}{\Delta x}}\right)^{\frac{1}{\Delta x}}$$

ここで，$1/\Delta x$ を m に置き換えます。

$$\ln\left(1+\frac{\frac{1}{x}}{\frac{1}{\Delta x}}\right)^{\frac{1}{\Delta x}} = \ln\left(1+\frac{\frac{1}{x}}{m}\right)^{m}$$

この式のΔxを 0 に近付けるということが，その逆数である m を無限大にすることと同じだ，という点を思い出してください。そうすると，上の式の右辺の極限値の計算のべき乗の部分は，年利が $1/x$ である場合における連続複利の計算と同じことになります。言い換えると，e の $1/x$ 乗になります。したがって，次式のとおりだということができます。

$$\lim_{m\to\infty}\ln\left(1+\frac{\frac{1}{x}}{m}\right)^{m} = \ln e^{\frac{1}{x}}$$

指数（$1/x$）を対数の前に出すことができる一方，e の自然対数は 1 になりますので，上の式の右辺を次のように変形することができます。

$$\ln e^{\frac{1}{x}} = \frac{1}{x}\underbrace{\ln e}_{=1} = \frac{1}{x}$$

以上から，自然対数の微分は次のとおりになります。x の自然対数を微分すると x の逆数になるわけですね。

$$\frac{d\ln x}{dx} = \frac{1}{x}$$

7.2.2 テイラー展開による対数近似

対数近似は，証券分析とポートフォリオ・マネジメントではあまり表に出てきませんが，グロスの利子率，（1＋為替レート変化率）あるいは（1＋物価変化率）などの，1＋x という形式が関係する式の近似の議論では，頻繁に登場するツールです。

この x（利子率なら i または r，為替レート変化率なら e，物価変化率なら p などと表すのが通常です。）の値が，1 回目の微分による近似の範囲で誤差が大きくならないような，0.03 や 0.06 といった小さな範囲だと仮定して，自然対数の 1 階までのテイラー展開で済ますことにします。

式の形式が 1＋x になっているので，自然対数という関数を 1 のまわりでテイラー展開することになります。テイラー展開の公式を当てはめると，近似は次式のようになります。

$$f(1+x) = \ln(1+x) \approx \ln 1 + (\ln 1)' \times x$$

自然対数の底 e のべき乗が 1 になるのはゼロ乗の場合だけですから，$\ln 1 = 0$ です。また，自然対数を微分すると逆数になるのでした。このため，上の式は次のように x になります。

$$\ln 1 + (\ln 1)' \times x = 0 + \frac{1}{1} \cdot x = x$$

結論を式にまとめておきましょう。

$$\ln(1+x) \approx x$$

> **例　題**
>
> 　1期間の物価変化率を p，名目利子率を i とします。物価の変化を考慮した後の利子率（**実質利子率**）を r とすると，次式の関係が成り立ちます（実質利子率に関する詳細な説明は，経済学のテキストに譲ります。）。
>
> $$1+r = \frac{1+i}{1+p}$$
>
> 両辺の自然対数をとり，対数近似を応用して，この式を引き算の形式に直しなさい。

解答

　両辺の自然対数をとります。右辺が対数の引き算になることに注意しましょう。

$$\ln(1+r) = \ln\frac{1+i}{1+p} = \ln(1+i) - \ln(1+p)$$

　式の両辺に登場する自然対数は，近似的にそれぞれ r，i，p に等しいといえますので，近似的に次式が成り立ちます。

$$r = i - p$$

　この結果は，実質利子率が近似的に名目利子率から物価変化率を引いた値になるという，**フィッシャー関係式**ですね。為替レートの変化率が内外の利子率格差に近似的に一致する関係や，相対的購買力平価為替レートの変化率が内外の物価上昇率格差に近似的に一致する関係も，対数近似よって説明されます。もちろん，1階までのテイラー展開を基礎にしていますので，変化率が10％や20％といった大きな値になれば近似の精度は低下します。

第8章 確率変数

8.1 確率変数

8.1.1 リスクと不確実性

　証券アナリストが分析・評価しようとする企業や金融資産の現在の価値は，その企業または金融資産が将来もたらす**キャッシュ・フロー**（毎期支払われる利息，配当などの金額と，解約や売却によって手に入る金額の総称です。**ペイオフ**ともいいます。）の現在価値の合計だと考えられています。

　本書ではここまで，実効利回りに関連する部分以外は，将来の支払いが確実だと思われる場面と，事後的なリターンの計算の場面だけを取り上げてきました。しかし，通常の金融資産には，保有していることによって将来もたらされるキャッシュ・フローの不確実性が伴っています。外貨建て金融資産であれば，為替レートの変動によって利益が出ることも損失を被ることもありますし，株式であれば，将来支払われる配当が企業業績に依存するだけでなく，売却することができる株価も日々変動します。

　そのような不確実性を数字にして取り扱う方法として，本章で説明する確率変数の枠組みが定着しています。

　確率変数は，将来の結果が不確実な場面のうち，その不確実な結果を確率と結び付けることが可能なケースにおける，当該の結果の集まりを指します。20世紀の米国の経済学者であったフランク・ナイト（Frank Knight）は，将来の不確実性の問題を検討しました。そして，将来の結果が不確実な場面の中には，結果を確率と結び付けることが可能な場合と不可能な場合とがある

と区別し，前者の場合の不確実さを**リスク**，後者の場合の不確実さを**不確実性**と呼びました。後者は，「ナイトの不確実性（Knightian uncertainty）」ともいわれます。

8.1.2 確率変数の意味

金融資産の将来の不確実なキャッシュ・フローが確率変数と呼ばれる場合には，次の3つの条件が満たされています。

1. 将来の不確実な金額に影響する出来事ないし状況が全部分かっている。この出来事ないし状況を，**自然の状態**，**世の中の状態**または単に**状態**といいます。株価を考える場合であれば，将来の景気や物価変化率の状況などが自然の状態になるでしょう。
2. それぞれの自然の状態に確率を対応付けることが可能である。
3. 可能性のある金額がすべて想定できており，個々の金額とそれぞれの自然の状態との間の対応付けもできている。

具体的なイメージを把握するために，確率変数であることが明らかな例を取り上げましょう。歪みのない500円玉を投げて表が出れば15,000円の賞金がもらえ，裏が出れば賞金が5,000円になるというゲームを考えてみてください。大半の人が，表と裏のそれぞれが出る確率がいずれも0.5だと考えると思います。その際に内心でイメージしているゲームの様子は，次の図のようになるのではないでしょうか。

<u>**コイン投げのゲームと確率変数**</u>

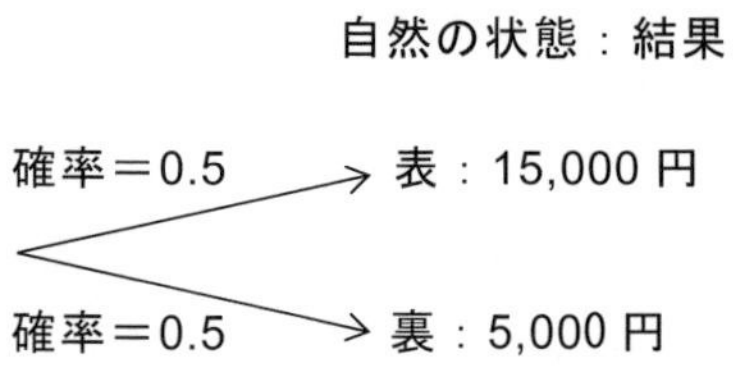

自然の状態：結果

確率＝0.5 　→　表：15,000 円

確率＝0.5 　→　裏：5,000 円

この図の中に，確率変数のすべての要素が含まれていることに注目してください。500 円玉を投げる前の段階では，ゲームの賞金は 15,000 円になるか 5,000 円になるか分からない将来の不確実な金額です。それぞれの金額は，500 円玉の表が出るという将来の自然の状態と，裏が出るという将来の自然の状態に対応付けられています。さらに，それぞれの自然の状態の確率も想定できています。

サイコロを振ったときに出る目の数も，サイコロを振る前の段階から見た確率変数の例としてよく利用されています。1 から 6 までのサイコロの目の値，それぞれの目が書いてある面が上になるという自然の状態，さらに，それぞれの面が上になる確率という，3 つの要素が整っていることが明らかな場面ですね。

以上のように，確率変数の意味そのものは拍子抜けするほどシンプルです。それと同時に，確率変数だということができる将来の不確実な結果に関して残されている不確実な要素は，どの自然の状態が実現するか，という点だけになっています。確率変数の枠組みが当てはまるようになった段階で，かなりの程度までの絞込みが済んでいるわけです。

8.1.3　金融資産の将来のペイオフは確率変数なのかどうか

しかし，将来の金融資産の価格や為替レートが確率変数だといわれると，途端に分からないと感じる人が少なくないようです。その原因は，数えきれないほどある金融資産の将来のペイオフについて，確率変数の枠組みが当てはまるだけの情報の整理が現時点できているという前提に，現実味が伴わないことでしょう。どちらかと言えば，リスクではなくナイトの不確実性の世界の方が近いのではないかという感覚です。

実際，金融資産の将来のペイオフが確率変数だと自信をもっていえる人は，おそらくいないのではないかと思います。むしろ，「本当にそうかどうかはともかくとして，確率変数だと考えることができると仮定しよう。そうだと

すれば，これから説明する議論が当てはまることになる。」でしょう。

8.1.4　確率変数の表記

確率変数は変数ですので，通常の用法に従って x, y, z などのアルファベットの後の方の文字で表されます。ただし，事前の段階ではどの値が実現するか不確実ですので，どの値が実現するか分からないけれどもその全部をひっくるめ，大文字の X, Y, Z などの文字を用いるようにして，確率変数であることを示します。

それに対して，可能性のある 1 つ 1 つの結果を小文字で表すことにすれば，どちらを意味しているか区別することができます。さらに，想定されている自然の状態に 1, 2, 3 のように番号を付け，それぞれの自然の状態に対応付けされる値の下付きの添え字として，次のように表現します。

$$x_1, x_2, x_3, \ldots$$

確率変数の議論では，大文字の X と小文字の x との間の区別が非常に重要です。前者は，まだ結果が出る前の事前の段階で，可能性のある個々の値がぼやぼやっとした集まりになっている状況を指します。一方，後者は，それから時間が経って可能性のある自然の状態のうち 1 つが実現した段階の，確定した事後的な値を指しています。この感覚は，統計的推測，仮説検定および回帰分析の議論で非常に重要になりますので，意識的に強調しておきたいと思います。

8.2 確率変数の期待値と確率の意味

8.2.1 期待値の計算式と現代的な確率の定義

　将来の不確実な金額が確率変数だといえるという前提を受け入れることにして，話を先に進めることにしましょう。確率変数だとみなすことができたとしても，最終的にどの結果が実現するかは不確実なままです。そこでまず，平均的には幾らになるか見当を付けよう，という発想が出てきます。将来実現する可能性がある値の平均値（**期待値**）を計算しようというわけです。

　期待値は，起こり得る確率変数の個々の値と，その値に対応付けられている確率との積の合計（確率を重みにした確率変数の値の加重平均）です。先ほどの図のゲームでは，賞金の期待値の計算は次のとおりになります。

$$賞金の期待値 = 0.5 \times 15{,}000 + 0.5 \times 5{,}000 = 10{,}000 円$$

この段階で，確率を重みにして計算した結果が確率変数の値の平均値だといわれても釈然としない人が，少なくないのではないでしょうか。その点は，そもそも確率とは何かという問題と関連しています。

　現代数学では，確率の実体を考えずに，次の 3 つの要素を備えた値が確率であるという，「公理主義的」な（「定理」は証明が必要な命題を指し，「公理」は証明の必要さえもないような自明の命題だとされています。）確率の定義が受け入れられています。

1. いずれの自然の状態の確率も 0 と 1 の間の値である。
2. すべての自然の状態の確率の合計は 1 になる。
3. 同時には起こり得ない（互いに背反な）2 つの別々な自然の状態のどちらかが起こる確率は，そのどちらかが起こる確率の和になる。

確かに，本書でも紹介したコイン投げのゲームに関連する確率も，サイコロの目に関連する確率も，この定義を満たしています。しかし，何事につけ

その意味や実体が理解できないと納得できない文系人間にとっては，上記の確率の定義と結び付けられた期待値はますます不可解です。

8.2.2　頻度説

ところで，気象庁が公表している降水確率は，例えば 30%であれば，そのような予報を 100 回公表したとすればそのうちおよそ 30 回は 1mm 以上の降水がある，という意味だとされています。言い換えると，降水確率とは，1mm 以上の降水という自然の状態が将来発生する相対頻度を指しているわけです。確率をこのように理解する考え方は，**頻度説**と呼ばれています。

ここで，読者が，コイン投げのゲームの表と裏のそれぞれが出る確率を 0.5 だと考えた際の，イメージを思い出してみてください。10 回や 20 回コインを投げるケースではどちらかに偏った自然の状態が発生すると考えたでしょう。むしろ，数限りない回数を繰り返せば，最終的には表と裏が出る割合がちょうど半々になる，だから確率はそれぞれ 0.5 だということではないでしょうか。頻度説は，確率とはそのような最終的な相対頻度である，と理解する説です。

頻度説の立場を採用すれば，期待値が確率変数の平均値であることも素直に説明することができます。例えば，ある試験の得点の事後的な分布が下表のとおりになったとしましょう。

得　点	30 点	60 点	90 点
人　数	10 人	20 人	15 人

この試験の平均点を計算するとして，平均の素朴な定義に従って計算するなら，全員の得点の合計を合計人数で割り算することになります。しかし，表の全体の 45 人の中でそれぞれの得点になった人の割合（相対頻度）と，当該得点とを掛け算して合計する計算（加重平均の計算）を行っても，次式のように平均値を計算することができます。

$$平均点 = \frac{10}{45} \times 30 + \frac{20}{45} \times 60 + \frac{15}{45} \times 90 \approx 63.3点$$

式の相対頻度を確率に置き換えれば，確率変数の期待値の計算式と同じになりますね。実際，頻度説の立場から確率と確率変数の定義を説明しているファイナンス理論のテキストもあります。にもかかわらず，この分野の通常の説明方法が公理主義的定義に偏っているのはなぜでしょうか。例えば，証券分析とポートフォリオ・マネジメントで登場する「リスク中立確率」などが，頻度説の確率の定義に合わない，という事情もあるようです。しかし，頻度説を受け入れた上で，そのような「確率」は例外だと位置付ければ矛盾は生じないのですから，実務家にとってはあまり意味のないこだわりだと思います。

8.2.3 期待値の表記方法

確率変数の期待値は，その呼び名の元になっている英単語の expectation（期待値）の頭文字をとり，カッコの中にその確率変数の名前を書いて $E(X)$ や $E(Y)$，あるいは，平均という意味の英単語の mean の頭文字に対応するギリシャ文字の μ（ミュー）を使って表されます。後者の表現では，どの確率変数の期待値なのか区別するために，次のように下付きの添え字で書き分けることもよく行われます。

$$\mu_X, \mu_Y$$

なお，想定されるすべての自然の状態の下で常に同じ値になる将来の結果（例えば，景気などの状況に左右されずに常に確実に償還される割引国債の額面）は，**定数**と呼ばれます。そのような定数も確率変数だとみなすことにすると，その期待値（平均値）は定数そのものになります。定数 a についてこの点を式で表すと次のとおりです。

$$E(a) = a$$

確率変数の期待値の性質

8.3.1 確率変数の定数倍と和

　確率変数の期待値には，非常に大切な性質が 2 つ（または 3 つ）あります。その内容に入る前に，確率変数のそれぞれの値を定数倍した値や，別々の確率変数の値を足して求める第 3 の値もまた確率変数になる，ということを，次の図で確認しておきましょう。

自然の状態	A社の株価 X	A社株2株の金額 $2X$	B社の株価 Y	A社株＋B社株 $X+Y$
確率：0.6　好況	500円	500円×2	800円	1,300円
確率：0.4　不況	250円	250円×2	700円	950円

　図に示されている将来の A 社の株価（X），A 社株 2 株の金額（$2X$。A 社株 2 株で構成されているポートフォリオの金額），B 社の株価（Y），さらに A 社の株価と B 社の株価の合計（$X+Y$。それぞれを 1 株ずつ持っている場合のポートフォリオの金額）が，いずれも確率変数の枠組み（自然の状態，自然の状態の確率への対応付け，および，個々の結果の自然の状態への対応付け）に適合していることに注意してください。言い換えると，確率変数の定数倍も，異なる確率変数の和も，いずれも確率変数だということができます。

　確率変数が 3 つ以上の場合でもこの関係が成り立つということは，上記の図から容易にイメージすることができるでしょう。ちなみに，ポートフォリオ理論が想定するポートフォリオの将来の金額またはリターンは，（個々の資産に対応する）確率変数の定数倍の一次式で表される，もう 1 つの確率変数です。

8.3.2 期待値の性質

期待値の第一の性質は，確率変数 X のそれぞれの値を 2 や 3 などの定数倍（a とします．）にした確率変数 $a \cdot X$ の期待値が，もとの確率変数 X の期待値 $E(X)$ の a 倍になる，ということです。期待値は平均値です。全部の数に同じ数を掛けた値の平均値は，掛ける数をカッコの外にくくり出して，平均値と掛け算する方法でも計算することができる，ということですね。確率変数 X の a 倍の期待値を式で表せば次のとおりです。

$$E(aX) = a \cdot E(X)$$

期待値の第二の性質は，2 つ以上の確率変数の和として表現されるもう 1 つの確率変数の期待値が，もともとの確率変数の期待値の和になる，という性質です。この性質も，期待値が確率変数の平均値であることから素直に理解することができるでしょう。足し算の平均値の計算式を分解して整理すれば，それぞれの平均値の足し算になります。2 つの確率変数 X と Y の和として計算される第 3 の確率変数 Z の期待値を式で表せば，次のとおりです。

$$E(Z) = E(X+Y) = E(X) + E(Y)$$

さらに，期待値の第三の性質として紹介されることが多いのが，確率変数の定数倍の和として計算される，もう 1 つの確率変数の期待値の式です。確率変数 X と Y をそれぞれ a 倍と b 倍した値の和として計算される確率変数 Z の期待値を式で表せば，次のとおりです。

$$E(Z) = E(aX + bY) = a \cdot E(X) + b \cdot E(Y)$$

この関係は，最初に Z を 2 つの確率変数 aX と bY の期待値の和に分解し，それぞれの項に期待値の定数倍の性質を適用して次のように導かれます。

$$E(aX + bY) = E(aX) + E(bY) = a \cdot E(X) + b \cdot E(Y)$$

以上の性質のバリエーションとして，2つの確率変数の差として計算されるもう1つの確率変数の期待値を考えてみましょう。マイナスの符号が付いている方の確率変数が，−1という係数による定数倍だと考えることがポイントです。XとYの差として計算されるZの期待値を式で表せば，次のようになります。

$$E(Z) = E(X-Y) = E(X) + E(-Y) = E(X) - E(Y)$$

この関係は，投資ファンドの将来の成績（パフォーマンス）と，TOPIX（東証株価指数）や日経平均株価などの指数の将来のパフォーマンスとの関係を分析する場合に用いられます。どちらのパフォーマンスが上回るか，という問題を，両者間の引き算の結果が正の値になるか負の値になるか，という問題に置き換えて考えるわけです。

8.3.3 関連事項

確率変数の期待値の性質は，以上の例のように2つの確率変数の場合に限らず，確率変数の数がどんなに多くても成り立ちます。最初にそのうちの1つと残り全体とに分けて2つの確率変数の式を当てはめ，次に，最初の残り全体をもう1つとさらにその残りに分ける，という手順を繰り返せば，幾らでも分解することができるからです。

また，期待値の性質は，可能性のある値が整数などのお互いの間に間隔のある数になる確率変数（**離散型**の確率変数といいます。）だけでなく，本書で後に取り上げる正規分布に従う確率変数のように実数の範囲になる（つまりお互いの間に間隔がなくびっしり並ぶ）確率変数（**連続型**の確率変数）についても成り立ちます。平均値の計算は基本的に足し算です。連続型の場合は期待値の計算に積分を用いますが，積分も足し算の特殊なケースにほかなりませんので，同じ理屈が成り立つわけです。

> **例　題**
>
> 次の表の 2 つの確率変数のそれぞれの期待値，両者の和の期待値および差の期待値を求めなさい。
>
> | 想定される自然の状態 | 状態1 | 状態2 | 状態3 |
> |---|---|---|---|
> | その確率 | 0.3 | 0.5 | 0.2 |
> | 確率変数 X の値 | 8 | 3 | 1 |
> | 確率変数 Y の値 | 2 | 4 | 6 |
> | 両者の和 | 10 | 7 | 7 |
> | 両者の差 | 6 | −1 | −5 |

解答

それぞれの期待値は，期待値の計算方法に値を当てはめて次のとおり計算されます。

$$E(X) = 0.3 \times 8 + 0.5 \times 3 + 0.2 \times 1 = 4.1$$
$$E(Y) = 0.3 \times 2 + 0.5 \times 4 + 0.2 \times 6 = 3.8$$

和の期待値と差（差も確率変数の枠組みに適合している点に注意してください。）の期待値は，和と差というもう 1 つの確率変数の値を（表の下の 2 行のように）自然の状態別に計算した上で，期待値の計算方法を当てはめても求めることができますが，次のようにそれぞれ期待値の和と差として求める方が簡単です。

$$E(X+Y) = E(X) + E(Y) = 4.1 + 3.8 = 7.9$$
$$E(X-Y) = E(X) - E(Y) = 4.1 - 3.8 = 0.3$$

8.4 確率変数の分散と標準偏差

8.4.1 確率変数のばらつき

確率変数に関しては，**確率分布**という用語が使用されます。分布は，確率変数の値が散らばる様子，具体的には，自然の状態，その確率およびそれぞれの自然の状態に対応付けられる値のセットを指します。しかし，正規分布のように「××分布」という場合には，自然の状態は表に現れず，確率変数の値と確率のセットだけを考える抽象的な枠組みになります。確率変数の期待値は，そのような分布のおよその位置を表す，ということができます。

しかし，期待値だけを比較しても，分布の散らばりがどの程度大きいのか分かりません。そこで次の段階として，起こり得る結果がどの程度ばらつくかを考えます。その際には，期待値（平均）を目安とし，期待値との距離がどの程度なのかを計算するのが通常です。それには，期待値との間で引き算を行って平均値を求めればよいかのではないか，と思いますが，うまくいきません。平均との差の平均値は，必ず 0 になってしまうからです。例えば，想定されている自然の状態が 3 つあり，いずれの確率も 3 分の 1 だといえる場合には，期待値との差の平均値の計算は次のようになります。

$$\frac{1}{3} \times (x_1 - \mu) + \frac{1}{3} \times (x_2 - \mu) + \frac{1}{3} \times (x_3 - \mu)$$
$$= \frac{1}{3}(x_1 + x_2 + x_3) - \frac{1}{3}\underbrace{(\mu + \mu + \mu)}_{=3\mu}$$
$$= \frac{1}{3}(x_1 + x_2 + x_3) - \frac{1}{3} \times 3 \times \underbrace{\frac{1}{3}(x_1 + x_2 + x_3)}_{=\mu} = 0$$

このような平均値の性質は，正負相殺と呼ばれます。正負相殺の問題を回避する方法として，平均との差の 2 乗の平均値を考えるのが通常です。そうすれば，すべての値がゼロ以上になりますから，平均値もゼロになること

はありません。

8.4.2 確率変数の分散

ここで，確率変数のそれぞれの値と期待値との差が，やはりもう 1 つの確率変数であることに注意しましょう（期待値自体は，自然の状態によって変化することはありませんから定数です。）。期待値との差という値が，それぞれの自然の状態に対応付けられる関係になるからです。したがって，確率変数の個々の値と期待値との差の 2 乗の平均値を求める計算は，やはり期待値の計算になります。そうして計算される期待値との差の 2 乗の期待値を**確率変数の分散**といいます。

確率変数の分散もまた確率変数の期待値であるという点は，見落としがちですが非常に重要なポイントです。というのも，確率変数の分散の計算に確率変数の期待値の性質を適用することが可能だからです。特に，ポートフォリオの将来のリターンの分散の計算は，期待値の性質の適用の代表的場面になります。

確率変数 X の分散は，対応する英単語 variance の最初の 3 文字を取って $Var(X)$，または σ（シグマ）2 乗という表記で示されます。確率変数 X の分散の定義を式で表すと次のとおりです。

$$Var(X) = \sigma_x^2 = E[(X-\mu)^2]$$

本章の最初に取り上げたゲームの例では，賞金の期待値が 10,000 円でそれぞれの結果が起こる確率は 0.5 でしたから，賞金の分散の計算は次のとおりになります。

賞金額の分散
$= 0.5 \times (15,000 - 10,000)^2 + 0.5 \times (5,000 - 10,000)^2$
$= 0.5 \times 25,000,000 + 0.5 \times 25,000,000 = 25,000,000$

8.4.3 確率変数の標準偏差

確率変数の分散は期待値からのかい離の 2 乗の平均値を表しますので，直観的に把握し難いという問題があります。そこで，分散の平方根（ルート）の正の値の方を改めて計算すれば，元の単位に戻すことができます。これが，確率変数の**標準偏差**です。先ほどのゲームの例では，25,000,000 の平方根である 5,000 円がこのゲームの賞金の期待値になります。標準偏差は，対応する英語の表現の standard deviation の頭文字 s に対応するギリシャ文字の小文字 σ (シグマ。大文字はΣ) を用いて表記されます。式で表すと次のとおりです。

$$\sigma_X = \sqrt{\sigma_x^2}$$

確率変数の分散・標準偏差は，分布のばらつき度合いの指標です。期待値によって分布の概ねの位置を把握した後，分散・標準偏差を求めることによって，分布が大まかに（平均的に）どの程度ばらついているかを把握するわけです。

8.4.4 分散のもう 1 つの計算方法

確率変数の分散は，期待値との差 2 乗の期待値ですが，その計算式を展開すると，もう 1 つの計算方法があることが確認できます。Σを用いる式の展開は煩雑になるので，確率変数を X として期待値の記号のまま，期待値の性質を適用して展開することにします。

$$\begin{aligned} Var(X) &= E[(X-\mu)^2] \\ &= E[X^2 - 2\mu X + \mu^2] \\ &= E[X^2] + E[-2\mu X] + E[\mu^2] \\ &= E[X^2] - 2\mu \underbrace{E[X]}_{=\mu} + \mu^2 \\ &= E[X^2] - 2\mu^2 + \mu^2 = E[X^2] - \mu^2 \end{aligned}$$

確率変数の分散は，2乗の期待値と期待値の2乗との差を求めても計算することができるわけです。

例題

次の確率変数Xの分散と標準偏差を求めなさい。

想定される自然の状態	状態1	状態2	状態3
その確率	0.3	0.5	0.2
確率変数Xの値	8	3	1
確率変数Xの期待値		4.1	

解答

期待値との差の2乗の期待値の計算は，それぞれの2乗に対応する自然の状態の確率を掛け算して次のように計算されます。

$$Var(X)$$
$$= 0.3 \times (8-4.1)^2 + 0.5 \times (3-4.1)^2 + 0.2 \times (1-4.1)^2$$
$$= 0.3 \times 3.9^2 + 0.5 \times (-1.1)^2 + 0.2 \times (-3.1)^2$$
$$= 0.3 \times 15.21 + 0.5 \times 1.21 + 0.2 \times 9.61$$
$$= 7.09$$

標準偏差は7.09の平方根ですから，約2.67になります。

Xの2乗の期待値（23.9）から期待値の2乗（16.81）を引き算しても分散を求めることできるのを確認してみてください。

8.5　2つの確率変数の間の共分散と相関係数

8.5.1　共分散

　複数の金融資産を集めたポートフォリオの将来の金額やリターンを，確率変数の枠組みで分析しようとする際には，個々の金融資産の間の相互関係が重要な役割を果たします。本項で取り上げる共分散と相関係数は，そのような相互関係を 1 つの数値として示す指標です。具体的には，2 つの確率変数のうち，一方の値が大きくなる自然の状態の下では他方の値も同様に大きくなるか，反対に小さくなるか，それとも特に関係がないかに注目します。

　分散および標準偏差と同様に，共分散も，それぞれの確率変数の個々の値の期待値との差に基づいて計算されます。自然の状態が 4 つ想定されている確率変数 X と Y の値を横軸と縦軸にとった点を描いたところ，次の図のようになったとしましょう。

2 つの確率変数の間の関係

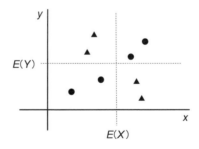

　この図は，それぞれの自然の状態の下での具体的な値を描いていますので，軸のタイトルも小文字の x と y にしてあります。例えば電機メーカーと自動車メーカーの株価のように，円安ならどちらも増益になり，円高ならどちらも減益になるような組合せの場合は，図の黒丸のような値の組合せになる

でしょう。他方，原油価格が上昇すれば増益になる石油製品メーカーと，燃料高で減益になる電力会社といった組合せの場合は，図の黒三角のような値の組合せになるでしょう。

共分散は，各変数の値の期待値との差の掛け算を行って求めるのですが，分散の場合と同様に，期待値との差の積もまた確率変数だという問題に直面します。そこで，期待値との差の積の期待値を求めることになります。共分散の計算に期待値の性質を適用することができる，という点も分散の場合と同様です。

2つの確率変数 X と Y の共分散は，共変動という意味の英単語の covariance の最初の3文字をとった Cov，あるいは，平均からのかい離という意味で σ を用いて表記されます。確率変数 X と Y の間の共分散を式で表すと，次のようになります。

$$Cov(X,Y) = \sigma_{XY} = E\left[(X - \mu_X)(Y - \mu_Y)\right]$$

想定されている自然の状態ごとに，同じように大きな値と同じように小さな値との組合せになる2つの確率変数同士の場合は，一方が期待値より大きければ（または小さければ）他方も期待値より大きな値（小さな値）になる傾向があるでしょうから，それぞれの値と期待値との差は正の値同士（または負の値同士）の組合せになりやすいでしょう。言い換えると，掛け算の結果が正の値になることが多いと思われます。その平均値である共分散も，同様に正の値になる傾向がある，と考えることができます。逆に，一方が大きな値になる自然の状態では他方が小さな値になるような2つの確率変数の間の共分散は，負の値になる，と考えることができます。

> **例　題**
>
> 次の表の2つの確率変数の間の共分散を求めなさい。
>
> | 想定される自然の状態 | 状態1 | 状態2 | 状態3 |
> |---|---|---|---|
> | その確率 | 0.3 | 0.5 | 0.2 |
> | 確率変数Xの値 | 8 | 3 | 1 |
> | 確率変数Yの値 | 2 | 4 | 6 |
> | 確率変数Xの期待値，標準偏差 | 4.1，2.663 | | |
> | 確率変数Yの期待値，標準偏差 | 3.8，1.4 | | |

解答

共分散を定義どおりに計算すると，次のとおりになります。

$$\begin{aligned}
Cov(X,Y) &= E[(X-\mu_X)(Y-\mu_Y)] \\
&= 0.3\times(8-4.1)\times(2-3.8)+0.5\times(3-4.1)\times(4-3.8) \\
&\quad +0.2\times(1-4.1)\times(6-3.8) \\
&= -2.106-0.11-1.364 \\
&= -3.58
\end{aligned}$$

8.5.2　共分散のもう1つの計算方法

共分散にも，分散の場合と同様にもう1つの計算方法があります。証券分析とポートフォリオ・マネジメントに関する正式なテキストや統計学の教科書では式の変形の際に多用されるほか，回帰分析の係数の計算のプロセスでも使用されることになります。そこで，（煩雑なΣ記号の変形ではなく）期待値の記号の形式のまま，期待値の性質を適用して導出するプロセスを示しておくことにします。2つの確率変数を X と Y とします。期待値が定数であることに注意してください。

$$\begin{aligned}
Cov(X,Y) &= E[(X-\mu_X)(Y-\mu_Y)] \\
&= E[XY - \mu_Y X - \mu_X Y + \mu_X \mu_Y] \\
&= E[XY] + E[-\mu_Y X] + E[-\mu_X Y] + E[\mu_X \mu_Y] \\
&= E[XY] - \mu_Y \underbrace{E[X]}_{=\mu_X} - \mu_X \underbrace{E[Y]}_{=\mu_Y} + \mu_X \mu_Y \\
&= E[XY] - \mu_X \mu_Y - \mu_X \mu_Y + \mu_X \mu_Y \\
&= E[XY] - \mu_X \mu_Y
\end{aligned}$$

2つの確率変数の間の共分散は，積の期待値と期待値の積との差としても求めることができるわけです。前掲の例題では，積（XY）の期待値は 12 になります。一方，それぞれの期待値の積は 15.58 です。次のように計算しても共分散を求める事ができることを，確認してみてください。

$$\begin{aligned}
Cov(X,Y) &= E[XY] - \mu_X \mu_Y \\
&= 12 - 15.58 \\
&= -3.58
\end{aligned}$$

8.5.3 相関係数

共分散にも，分散と同じような不便さがあります。例えば企業の将来の株価同士であれば，共分散の値は円×円ですので，元の円の単位では把握できません。株価の単位を円にするか 1 万円にするかによって，共分散の計算結果（値の絶対値）が大きく違ったものになる，ということも起こります。

したがって，共分散を求めた後，その符号（＋か－か）によって，2 つの確率変数が同じように大きな値同士の組合せになりやすいか，大きな値と小さな値の組合せになりやすいかという「傾向」を判断することはできても，2 つの確率変数の間の相互関係の強さないしは程度を示している，ということはできません。

相関係数は，共分散のそのような不都合を解消する指標です。共分散を両方の確率変数の標準偏差で割ることによって求めます。株価の場合であれば，円×円として計算された共分散を円と円で割ることになります。そのため，

円の単位に戻るのではなく，単位が消えてしまいます。この点は，円の単位になる標準偏差との相違です。

相関係数は通常，ギリシャ文字の小文字ρ（ロー）という記号で表されます。確率変数 X と Y との間の相関係数を式で示せば次のとおりです。

$$\rho_{XY} = \frac{Cov(X,Y)}{\sigma_x \cdot \sigma_y}$$

例 題

8.5.1 の例題の X と Y の間の相関係数を求めなさい。

解答

共分散をそれぞれの標準偏差（計算結果が表に示してあります。）の積で割って次のとおり求めます。

$$\rho_{XY} = \frac{Cov(X,Y)}{\sigma_x \cdot \sigma_y} = \frac{-3.58}{2.663 \times 1.4} \approx -0.96$$

ところで，相関係数の計算式の両辺にそれぞれの確率変数の標準偏差を掛けると，次のように変形することができます。

$$Cov(X,Y) = \rho_{XY} \cdot \sigma_x \cdot \sigma_y$$

この式は，共分散が 2 つの確率変数の間の相関係数とそれぞれの標準偏差との積でもあることを示しています。先ほどの計算とは逆に，相関係数と標準偏差をもとにして次のように共分散を計算することができるわけです。

$$\begin{aligned} Cov(X,Y) &= \rho_{XY} \cdot \sigma_x \cdot \sigma_y \\ &= -0.96 \times 2.663 \times 1.4 \approx -3.58 \end{aligned}$$

この計算式の右辺を言葉で読むと，2 つの確率変数の間の共分散が，相互関係を示す相関係数と，それぞれのばらつきを表

す標準偏差とによって構成される，ということです．そのため，相関係数こそが 2 つの確率変数の間の相互関係の本体であり，その本体に標準偏差が掛け算されている共分散の値には，それぞれの確率変数のばらつきの大きさという雑音が混ざり込んでいる，と説明されることもあります．

　証券アナリスト試験では共分散の値が指定されることはまずなく，2 つの確率変数の標準偏差および相関係数としてデータが提示されますから，上式を頻繁に用いることになります．

8.5.4　完全正相関と完全負相関

　2 つの確率変数の間の相関係数は，計算の仕組み上必ず－1 以上かつ＋1 以下の値になります．この点の確認には追加的な事項の説明が必要なので，8.6.4 で改めて確認することにします．

　ともあれ，相関係数が両極端の－1 または＋1 になるのは，一方の確率変数が他方の確率変数の一次式（$Y=aX+b$ という形式）で表される場合です．ここでは割愛しますが，相関係数の定義式に $Y=aX+b$ を代入して整理すると確認することができます．次の図にイメージを描くように，相関係数が＋1 になるのは X の係数 a が正の場合（**完全正相関**といいます．）である一方，相関係数が－1 になるのは a が負の場合（**完全負相関**といいます．）です．

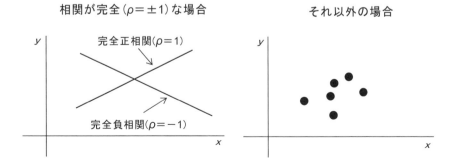

もちろん，相関係数が±1になるのは現実的に考えにくいような極端なケースですから，現実的な意味合いは，考え方を整理する基準になるということでしょう。通常の場合は，上記の右の図（それ以外の場合）のように自然の状態ごとの値の組合せが散らばります。

8.5.5 共分散・相関係数が0になる特殊なケース

相関係数の分子は共分散ですから，共分散が0になる場合には相関係数0になります。

共分散が0になるのは，2つの確率変数の値がお互いに無関係に決まる場合（**独立**な場合）です。統計学の教科書では，自然の状態から確率変数を切り離し，確率変数の個々の値と確率の組合せだけを考えることにした上で，2つの確率変数のそれぞれの値の組合せに確率を対応付けさせた**同時分布**が説明されます。そこから周辺分布，条件付確率等に順番に進むのですが，確率変数の枠組みが抽象的になっているので非常に理解しづらい分野だといってよいでしょう。統計学の本格的学習に取り組むまでは，「無関係」という直観的な理解に止めておくとよいと思います。

2つの確率変数がお互いに独立な場合のうちの1つとして，一方が定数であるケースがあります。一方を X，他方を a（定数）としてこのケースの共分散の計算を式で表すと，次のとおりになります。定数の期待値が定数自身であることに注意しましょう。

$$\begin{aligned}Cov(X,a) &= E\left[(X-\mu_X)(a-E(a))\right] \\ &= E\left[(X-\mu_X)(a-a)\right] \\ &= E[\underbrace{(X-\mu_X)\times 0}_{\text{すべてゼロ}}] = 0\end{aligned}$$

証券アナリストが取り扱うのは，一方が**無リスク資産**（すべての自然の状態のペイオフが同じ値になる資産。割引国債がその例です。）で，他方が自然の状態ごとに異なったペイオフをもたらす（そのため，結果に関する「リスク」を伴

う）**リスク資産**のケースです。無リスク資産とリスク資産の将来のペイオフの共分散・相関係数が 0 だということは非常に重要な点ですので，ぜひ記憶しておいてください。

複数の確率変数の一次式で表現される確率変数（ポートフォリオの将来の結果）の期待値と分散

次の図は，8.3 で取り上げた A 社と B 社の事例を少し修正した株価の分布を示しています。

自然の状態	A社の株価 X	B社の株価 Y
確率：0.4 → 好況	500円	800円
0.5 → 横ばい	400円	720円
確率：0.1 → 不況	250円	700円

現時点で A 社株を 2 株（ないしは 2 単元）および B 社株を 3 株（ないしは 3 単元）購入してポートフォリオを構成するとします。この図で想定されている将来の時点のポートフォリオの価値の期待値と分散を考えてみましょう。

ちなみに，将来の時点までに配当が支払われた場合には，それぞれの将来のペイオフにその金額を含める必要があります。しかし，実際の市場では，配当を受領する権利をもつ株主が確定する日（基準日）を境にして，見込まれる配当の分だけ株価が低下するという株価の変化（**配当落ち**）が発生しています。ここでは，上記の図の株価が配当落ち前の株価だと考えて，配当分を考えなくてもよいことにしておきましょう。

ともあれ，「好況」という自然の状態が実現した場合は A 社株が 2 株で 1,000 円，B 社株が 3 株で 2,400 円，合計 3,400 円となり，その自然の状態について想定されている確率が 0.4，次に，「横ばい」という…という具合

に，ポートフォリオの将来の価値の分布を考え直すとしましょう。A社とB社の将来の株価をそれぞれ X と Y とすれば，ポートフォリオの将来の価値が，$(2X+3Y)$ という一次式で表現されるもう1つの確率変数であることが確認できます。しかし，ポートフォリオに含まれる銘柄の数（ひいては確率変数の数）が多くなると，計算が煩雑になります。

8.6.1 期待値

そのような作業を行わなくても，期待値の性質を適用しながら式を変形することによって，上記の式の期待値と分散・標準偏差の式にたどり着くことができます。ポートフォリオの将来の価値を P としましょう。まず，P は次式で表現される確率変数です。

$$P = 2X + 3Y$$

P の期待値は，期待値の性質をそのまま当てはめて次式のように変形することができます。

$$\begin{aligned}E(P) &= E(2X+3Y)\\ &= E(2X) + E(3Y)\\ &= 2E(X) + 3E(Y)\end{aligned}$$

図のデータをもとに X と Y の期待値を計算するとそれぞれ 425 円と 750 円になりますので，式に代入して P の期待を計算します。

$$E(P) = 2 \times 425 + 3 \times 750 = 3{,}100 円$$

8.6.2 分散

P の式を分散の定義に当てはめて変形することを通じて，P の分散を求めましょう。

$$
\begin{aligned}
Var(P) &= Var(2X+3Y) \\
&= E[\{(2X+3Y)-E(2X+3Y)\}^2] \\
&= E[\{2X+3Y-(2E(X)+3E(Y))\}^2] \\
&= E[\{(2X-2E(X))+(3Y-3E(Y))\}^2] \\
&= E[(2X-2E(X))^2 + 2\times(2X-2E(X))(3Y-3E(Y)) \\
&\quad + (3Y-3E(Y))^2] \\
&= E[(2X-2E(X))^2] + E[2\times(2X-2E(X))(3Y-3E(Y))] \\
&\quad + E[(3Y-3E(Y))^2]
\end{aligned}
$$

さらに，定数項をすべて期待値記号の外にくくり出します．

$$
\begin{aligned}
&= 2^2 \times \underbrace{E[(X-E(X))^2]}_{=Var(X)} + 2\times 2\times 3\times \underbrace{E[(X-E(X))(Y-E(Y))]}_{=Cov(X,Y)} \\
&\quad + 3^2 \times \underbrace{E[(Y-E(Y))^2]}_{=Var(Y)}
\end{aligned}
$$

各項の定数以外の部分が，それぞれ X の分散，X と Y との間の共分散，および Y の分散になっていることに注目してください．さらに，定数をくくりだした結果，分散の項の定数が 2 乗になって期待値記号の外に出るほか，共分散の場合はそれぞれの定数の積が期待値記号の外に出る，という点も記憶しておきましょう（この特徴は，**分散と共分散の性質**と呼ばれることもあります．）．

上記の図の A 社と B 社の株価の標準偏差を計算すると，それぞれ 75 円と 41.23 円に，両者間の相関係数は 0.889 になります．分散を標準偏差の 2 乗とし，共分散を相関係数とそれぞれの標準偏差との積として P の分散を計算すると，次のようになります．

$$
\begin{aligned}
Var(P) &= 2^2 \times Var(X) + 2\times 2\times 3\times \overbrace{Cov(X,Y)}^{=\rho_{XY}\cdot \sigma_X\cdot \sigma_Y} + 3^2 Var(Y) \\
&= 2^2 \times 75^2 + 2\times 2\times 3\times 0.889\times 75\times 41.23 + 3^2\times 41.23^2 \\
&\approx 70{,}788
\end{aligned}
$$

P の標準偏差は上記の値の平方根ですから，約 266.1 円になります．

定数を a および b として記号を用いた式で上記の関係を表すと，次のとおりです．

$$Var(aX+bY) = a^2Var(X) + 2abCov(X,Y) + b^2Var(Y)$$

ここで，$(ax+by)$ の2乗の次の公式を思い出してください．

$$(ax+by)^2 = a^2x^2 + 2abxy + b^2y^2$$

上記の分散の式は，2乗の項と xy の項が期待値になっているためにそれぞれ分散と共分散になっている点を除いて，ほぼ同じ構造になっています．この点は，分散が平均との差の2乗の期待値であることに由来しています．分散の公式は，2乗の式とセットにすると記憶しやすいでしょう．

8.6.3 ポートフォリオの将来のリターンの期待値と標準偏差

ポートフォリオ理論では，ポートフォリオの将来の金額ではなくリターンを確率変数だと考えて取り扱います．しかし，考え方は 8.6.1，8.6.2 とまったく同じです．

違いが生じるのは，ポートフォリオの将来のリターンの式の係数が，個々の銘柄の株数（ないしは単元数）ではなく**投資比率**（個々の銘柄の金額合計がポートフォリオの総額に占める割合）になる，という点だけです．詳細は証券分析とポートフォリオ・マネジメントのテキストに譲ることにしますが，将来のリターンを R，投資比率を w とし，2 つの資産に下付きの数字で番号を付け，ポートフォリオは下付きの P で表示して区別することにすると，ポートフォリオの将来のリターンという確率変数は，次式のとおりになります．

$$R_P = w_1R_1 + w_2R_2$$

本項の内容に関連して重要なことは，資産の数が 2 つの場合に限らず，どんなに多くなっても（1 つと残り全部に分解するというプロセスの繰返しを通じ

て）式が成り立つということです。期待値の式は段々に長い一次式になって行く一方，分散の式は，長い 2 乗の形になって行きます。例えば，分散は，資産が 3 つの場合には，次の 2 乗の式に対応するその下の式になります。

$$(ax + by + cz)^2 = a^2 + b^2 + c^2 + 2abxy + 2bcyz + 3acxz$$
$$Var(aX + bY + cZ) = a^2 Var(X) + b^2 Var(Y) + c^2 Var(Z)$$
$$+ 2abCov(X,Y) + 2bcCov(Y,Z) + 2acCov(X,Z)$$

例題

次の表のポートフォリオの今後 1 年間のリターンの期待値と分散を求めなさい。A 社株式と B 社株式の年間リターンの間の相関係数は 0.4 とします。

	金額	年間のリターンに関する想定	
		期待値	標準偏差
割引国債	1,000,000 円	2%	0%
B 社株式	1,000,000 円	6%	15%
C 社株式	1,000,000 円	3%	6%

解答

将来のリターンを R，投資比率を w とし，ポートフォリオを P，割引国債を A として B，C とともに下付きの添え字で区別することにすると，ポートフォリオの今後 1 年間のリターンは次式で表されます。

$$R_P = w_A R_A + w_B R_B + w_C R_C$$

このポートフォリオに含まれる資産の金額はすべて同一ですので，投資比率も同一（この例では 3 分の 1）になります。期待値の計算は次のとおりです。

$$E(R_P) = w_A E(R_A) + w_B E(R_B) + w_C E(R_C)$$
$$= \frac{1}{3} \times 2 + \frac{1}{3} \times 6 + \frac{1}{3} \times 3 = \frac{11}{3} \approx 3.7\%$$

分散は，資産が 3 つのケースですから次式で表されます。

$$Var(R_P) = w_A^2 Var(R_A) + w_B^2 Var(R_B) + w_C^2 Var(R_C)$$
$$+ 2w_A w_B Cov(R_A, R_B) + 2w_A w_C Cov(R_A, R_C)$$
$$+ 2w_B w_C Cov(R_B, R_C)$$

ここで，割引国債の将来のリターンが定数であることに注目してください。A の分散は 0 です。加えて，定数と他の確率変数との間の共分散も 0 ですから，A と B，A と C との間の共分散の項は 0 になります。残る B と C との間の共分散は，相関係数と標準偏差との積の形式で求めます。計算を続けると次のとおりになります。

$$Var(R_P) = w_B^2 Var(R_B) + w_C^2 Var(R_C) + 2w_B w_C Cov(R_B, R_C)$$
$$= \left(\frac{1}{3}\right)^2 \times 15^2 + \left(\frac{1}{3}\right)^2 \times 6^2 + 2 \times \frac{1}{3} \times \frac{1}{3} \times 0.4 \times 15 \times 6$$
$$= \frac{333}{9} = 37$$

標準偏差は 37 の平方根ですから，約 6.1% です。

8.6.4　相関係数が−1 以上＋1 以下になることの確認

相関係数が−1 以上＋1 以下の値になることを確認するには，2 つの確率変数 X および Y の次の一次式で計算されるもう 1 つの確率変数 Z の分散を考えます。

$$Z = X + tY$$
$$Var(Z) = Var(X + tY)$$
$$= Var(X) + 2tCov(X,Y) + t^2 Var(Y)$$

　まず，分散の式が t の二次関数になっており，t の 2 乗の係数が（Y の分散ですから）正の値である（この二次関数は下に凸な二次関数である）ことに注目してください。次に，Z の分散（この二次関数の値）は 2 乗の平均値なのですから，常にゼロ以上になります。ということは，この二次関数の値もゼロ以上でなければなりません。言い換えると，この二次関数の判別式の値はゼロ以下となる必要があります。したがって，次の関係が成り立ちます。t の二次の項，一次の項の係数および定数項が，それぞれ Y の分散，X と Y との間の共分散の 2 倍および X の分散であることに注意します。

$$\{2 \times Cov(X,Y)\}^2 - 4 \times Var(X) \times Var(Y) \leq 0$$

　式を整理して両辺の平方根をとると，相関係数の値の範囲を示す式になります。

$$\{2 \times Cov(X,Y)\}^2 \leq 4 \times Var(X) \times Var(Y)$$
$$4 \times \{Cov(X,Y)\}^2 \leq 4 \times Var(X) \times Var(Y)$$
$$\underbrace{\frac{\{Cov(X,Y)\}^2}{Var(X) \times Var(Y)}}_{=\sigma_X^2 \cdot \sigma_Y^2} \leq 1$$
$$\left\{\frac{Cov(X,Y)}{\sigma_X \cdot \sigma_Y}\right\}^2 \leq 1$$
$$(\rho_{XY})^2 \leq 1 \Rightarrow -1 \leq \rho_{XY} \leq +1$$

　相関係数の 2 乗が 1 以下になるということは，相関係数の値が -1 から $+1$ までの間になることを意味しています。

第9章 正規分布

9.1 確率分布と正規分布

9.1.1 確率分布が想定される場面

　正規分布は，確率変数が実数の範囲となる連続型の分布です。

　前にも触れたように，正規分布に限らず「××分布」という枠組みは，確率変数の値と確率との関係だけを取り上げます。自然の状態は表に登場しません。具体的には，確率変数の値と確率との関係が，一定の数式（関数）として表現されることが分かっている場面です。

　将来の不確実な結果が「××分布」に従う確率変数かどうかは最初から決まっていることではなく，経験的，実証的に確認される必要がある事柄です。例えば，製造業の製品の誤差は，正規分布に従っていると認識されていますが，これには，日に何万個も製造される製品を長い間観察するという裏付けがあるわけです。

　8.1.1 で述べたナイトの不確実性との関係では，そのような認識に到達できている場合がリスクであり，そうでない場合は不確実性だということになります。そして，証券アナリストが取り扱う金融資産やポートフォリオの将来の価値・リターンは，正規分布に従うと仮定されるのが通常です。この点は完全に確立されているとまではいえないでしょうが，経験的に概ね当てはまると考えているわけです。

9.1.2 確率分布を適用する意味

「××分布」という抽象的な枠組みを利用する意味は，第一に，様々な値に伴う確率の計算が可能になることです。第二に，さらに重要な点ですが，将来の不確実な結果の期待値や分散を過去の実績（標本）に基づいて推定すること（統計的推測），または，将来の不確実な結果の期待値や分散がどのような値になるかについての判断を下すこと（仮説検定）が可能になることです。

証券アナリストの仕事との関係では，上記の第二の点が特に重要です。というのも，金融資産やポートフォリオの将来の価値・リターンの分布（母集団の分布）が実際どうなっているかは，何しろ将来のことなのですから，神様でない人間が直接確認する方法がありません。何らかの正規分布だと仮定することができるだけで，実際には分かっていないわけです。そこで，統計学の成果を拝借し，過去の実績をもとにして将来のことを考えることになります。

9.1.3 正規分布の特徴

正規分布には，平均（期待値）を中心として左右が対象だという大きな特徴があります。正規分布に関する次のグラフのような図を見たことがある人も少なくないでしょう。

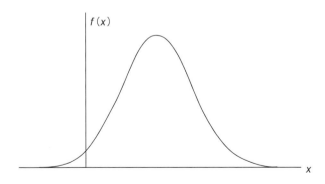

正規分布の確率密度関数

図の横軸には，確率変数の個々の値がとってあり（実数の範囲なのでびっしり埋まっています。），横軸の値に対応する値を示すように曲線が描かれています。曲線の一番高い位置に対応する確率変数 X の値がその期待値です。そこを中心として完全に左右対称ですね。問題は，曲線が示す縦軸方向の値です。確率ではなく，確率変数 X の個々の値に対応する**確率密度関数**という関数の値を示しています。肝心の確率は，確率密度関数の曲線の下側の面積が示しています。例えば，X が a という正の値以下の範囲になる確率は，次の図の灰色の部分の面積です。

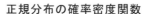
正規分布の確率密度関数

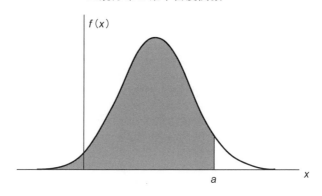

　確率密度関数の曲線の下側の，a から左の部分ですね。この値を示す関数は**累積分布関数**と呼ばれます。曲線とその下側の面積との間の関係は積分ですから，累積分布関数は確率密度関数を積分した結果であり，後者は前者を微分した導関数だということになります。確率の合計は 1 ですので，確率密度関数の下側全部の面積は 1 です。そうなるように密度関数の式が考えてあるわけです。

　次に，確率変数 X の値が正の値 a とそれより大きな b の値の間の範囲になる確率はどうでしょうか。それは，次の図の灰色の部分の面積です。

　慣れるまでの間は特にそうですが，連続型分布の確率は，上記の図のよう

に視覚的に考えることが大切です。この後の例もまず視覚的に把握しておき，その後で式による表現と結び付けるとよいでしょう。

正規分布の確率密度関数

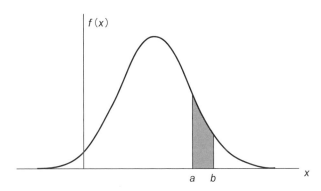

この部分の面積は，曲線の下の b から左側の部分の面積（X の値が b 以下の範囲になる確率）から，a から左側の部分の面積（X の値が a 以下の範囲になる確率）を引けば求めることができます。

さらに，X の値が a 以上の範囲になる確率は，全体の確率から X の値が a 以下の範囲になる確率を引けば求めることができますから，次の図の灰色の部分の面積になります。

正規分布の確率密度関数

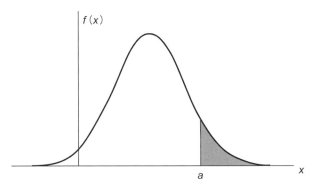

なお，正規分布のような連続型の分布に従う確率変数については，特定の値が実現する確率はゼロだと考えられています。例えば，人の身長はほぼ正規分布に従っているといわれますが，一人一人の身長が特定の実数値として実現しているのに，その確率はゼロだ，というのです。事実に反するようですね。

しかし，そう考えないと困ったことになります。実数値を範囲とする確率変数の値の数は無限にあるので，それぞれの値の確率がほんのわずかでもプラスだと仮定すると，無限に足し合わせた結果も無限大になり，全体の確率があっという間に 1 を超えてしまうでしょう。それでは確率の定義に反してしまいます。他方，可能性のある値は何しろ無限にあるのですから，一つ一つの値の確率は無視できるほど小さい（ほぼゼロだ）といって差し支えないでしょう。そこで，概ねの議論になるものの，ゼロだとしてしまうわけです。統計学は厳密なように見えますが，実は意外に大まかですから，大ざっぱな気持ちで理解するのがよいと思います。

というわけで，連続型の確率変数については，特定の値ではなく，値の範囲に対応付けられる確率を考えます。

9.1.4　正規分布の表記と確率密度関数

正規分布は N (Normal Distribution の N) で表します。また，正規分布の確率密度関数の式（ひいては累積分布関数の値）は，異なる確率変数の値の範囲に対応付けされる確率の違いが，期待値と分散・標準偏差の違いだけによって決まるようにできています（そのため，「正規分布は期待値と分散のみによって決定される。」といわれます。）。期待値が μ，標準偏差が σ である確率変数 X が正規分布に従うということを，次のように表します。

$$X \sim N(\mu, \sigma^2)$$

この場合における X の確率密度関数の式は次のとおりです。

第9章 正規分布

$$f(x) = \frac{1}{\sqrt{2\pi}\sigma} \cdot e^{-\frac{1}{2}\left(\frac{x-\mu}{\sigma}\right)^2}$$

見慣れるまではとても難しそうに見えますが，よく見ると，ルート 2，π（= 3.1415…）および e がすべての正規分布に共通の定数になっており，違いが生じるのはμとσの 2 つだということが分かります。いずれにしても，本書ではこの式を直接には使いませんから，気にする必要はありません。

9.1.5　式による正規分布の特徴の表現と標準正規分布

前項で述べた正規分布の性質を，式で表しておくことにしましょう。確率を P とし，カッコの中に確率変数 X の値の範囲を示すことにします。

1 つ目の性質は，累積分布関数を F とすると次式で表現されます。

$$P(X \leq a) = F(a)$$

2 つ目の性質は，次のとおりです。

$$P(a \leq X \leq b) = F(b) - F(a) = P(X \leq b) - P(X \leq a)$$

3 つ目の性質は，全体の確率である 1 からの引き算の形です。

$$P(a \leq X) = 1 - F(a) = 1 - P(X \leq a)$$

式の中の「≤」は「≦」と同じ意味です。連続型の確率分布では特定の値の確率はゼロだと考えますので「−」や「=」が付いているかどうかには意味はなく，「<」としても値は同じになります。

ところで，正規分布の中には，期待値が 0（ゼロを中心として左右対称），標準偏差が 1（その 2 乗である分散も 1）という正規分布もあります。0 と 1 は，いろいろな数値を基準化する場合によく登場する数字ですね。この正規分布も同様です。そのため，**標準正規分布**と呼ばれます。Z で表すのが通常ですので，標準正規分布の表現は次のとおりになります。

$$Z \sim N(0,1)$$

標準正規分布は 0 を中心として左右対称な分布です。そのため，次の図のように，Z の値がある正の値 a よりも大きな範囲になる確率は，符号を反対にした $-a$ よりも小さな範囲になる確率と同じになります。

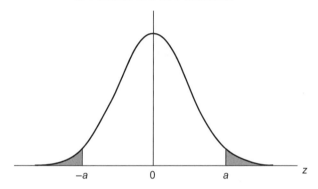

$$P(a < Z) = P(Z < -a)$$

そして，z の値が a よりも大きな範囲になる確率は，a 以下の範囲になる確率を 1 から引けば求めることができますので，Z の値が $-a$ より小さな範囲になる確率を次のとおり求めることができます。

$$P(Z < -a) = P(a < Z) = 1 - P(Z < a)$$

9.2 標準正規分布表と確率変数の標準化

9.2.1 標準正規分布表

標準正規分布は，様々な正規分布に従う確率変数の値の範囲と確率との間の関係を考える際の基準になります。その際には，次項で述べる標準化を経由して，**標準正規分布表**（標準正規分布に従う確率変数 Z の様々な値に対応する累積分布関数の値をまとめた表）を参照します。標準正規分布表は，次の表のようにその一部が示されるのが通常です。

標 準 正 規 分 布 表　　（$F(a) = P(Z \leq a)$ の値）

	.00	.01	.02	.03	.04	.05	.06	.07	.08	.09
0.0	0.5000	0.5040	0.5080	0.5120	0.5160	0.5199	0.5239	0.5279	0.5319	0.5359
0.1	0.5398	0.5438	0.5478	0.5517	0.5557	0.5596	0.5636	0.5675	0.5714	0.5753
0.2	0.5793	0.5832	0.5871	0.5910	0.5948	0.5987	0.6026	0.6064	0.6103	0.6141
0.3	0.6179	0.6217	0.6255	0.6293	0.6331	0.6368	0.6406	0.6443	0.6480	0.6517
0.4	0.6554	0.6591	0.6628	0.6664	0.6700	0.6736	0.6772	0.6808	0.6844	0.6879
0.5	0.6915	0.6950	0.6985	0.7019	0.7054	0.7088	0.7123	0.7157	0.7190	0.7224
0.6	0.7257	0.7291	0.7324	0.7357	0.7389	0.7422	0.7454	0.7486	0.7517	0.7549
0.7	0.7580	0.7611	0.7642	0.7673	0.7704	0.7734	0.7764	0.7794	0.7823	0.7852
0.8	0.7881	0.7910	0.7939	0.7967	0.7995	0.8023	0.8051	0.8078	0.8106	0.8133
0.9	0.8159	0.8186	0.8212	0.8238	0.8264	0.8289	0.8315	0.8340	0.8365	0.8389
1.0	0.8413	0.8438	0.8461	0.8485	0.8508	0.8531	0.8554	0.8577	0.8599	0.8621
1.1	0.8643	0.8665	0.8686	0.8708	0.8729	0.8749	0.8770	0.8790	0.8810	0.8830
1.2	0.8849	0.8869	0.8888	0.8907	0.8925	0.8944	0.8962	0.8980	0.8997	0.9015
1.3	0.9032	0.9049	0.9066	0.9082	0.9099	0.9115	0.9131	0.9147	0.9162	0.9177
1.4	0.9192	0.9207	0.9222	0.9236	0.9251	0.9265	0.9279	0.9292	0.9306	0.9319
1.5	0.9332	0.9345	0.9357	0.9370	0.9382	0.9394	0.9406	0.9418	0.9429	0.9441
1.6	0.9452	0.9463	0.9474	0.9484	0.9495	0.9505	0.9515	0.9525	0.9535	0.9545
1.7	0.9554	0.9564	0.9573	0.9582	0.9591	0.9599	0.9608	0.9616	0.9625	0.9633
1.8	0.9641	0.9649	0.9656	0.9664	0.9671	0.9678	0.9686	0.9693	0.9699	0.9706
1.9	0.9713	0.9719	0.9726	0.9732	0.9738	0.9744	0.9750	0.9756	0.9761	0.9767
2.0	0.9772	0.9778	0.9783	0.9788	0.9793	0.9798	0.9803	0.9808	0.9812	0.9817
2.1	0.9821	0.9826	0.9830	0.9834	0.9838	0.9842	0.9846	0.9850	0.9854	0.9857
2.2	0.9861	0.9864	0.9868	0.9871	0.9875	0.9878	0.9881	0.9884	0.9887	0.9890
2.3	0.9893	0.9896	0.9898	0.9901	0.9904	0.9906	0.9909	0.9911	0.9913	0.9916
2.4	0.9918	0.9920	0.9922	0.9925	0.9927	0.9929	0.9931	0.9932	0.9934	0.9936
2.5	0.9938	0.9940	0.9941	0.9943	0.9945	0.9946	0.9948	0.9949	0.9951	0.9952
2.6	0.9953	0.9955	0.9956	0.9957	0.9959	0.9960	0.9961	0.9962	0.9963	0.9964
2.7	0.9965	0.9966	0.9967	0.9968	0.9969	0.9970	0.9971	0.9972	0.9973	0.9974
2.8	0.9974	0.9975	0.9976	0.9977	0.9977	0.9978	0.9979	0.9979	0.9980	0.9981
2.9	0.9981	0.9982	0.9982	0.9983	0.9984	0.9984	0.9985	0.9985	0.9986	0.9986
3.0	0.9987	0.9987	0.9987	0.9988	0.9988	0.9989	0.9989	0.9989	0.9990	0.9990

Z の値は，表の左端の列と一番上の行とに分解して表示されています。例えば，Z の値が 1.15 以下の範囲となる確率（$Z=1.15$ に対応する累積分布関数の値）を知りたいときは，表の左端の列を縦方向に 1.1 の行まで下がり，そこから右に進みます。同時に，一番上の行の 0.05 の位置から下に向かって進みます。両方の動きの交点となる値（この場合は 0.8749）が，求める確率の値です。

上記の表には，Z の値の範囲が正になる部分しか表示されていないことに気付いた人が少なくないでしょう。標準正規分布はゼロを中心として左右対称な分布なのですから，標準正規分布表の負の側も当然あります。しかし，標準正規分布の性質を使えば，上記の部分だけで負の側の確率を求める事ができます。

例えば，Z の値の範囲 -0.4 以下になる確率を考えてみます。それは，符号をひっくり返した 0.4 以上の範囲の値の確率と同じですから，$z=0.4$ に対応する累積分布関数の値（0.4 の行と .00 の列とを進んだ交点である 0.6554）を 1 から引けば求めることができます。次のように，その確率は約 34% です。

$$P(Z<-0.4)=P(0.4<Z)$$
$$=1-P(Z<0.4)=1-0.6554=0.3446$$

また，Z の値が 0.72 から 1.31 までの範囲になる確率は，1.31 以下の範囲になる確率（1.3 の行と 0.01 の列とを進んだ交点である 0.9049）から，0.72 以下の範囲になる確率（0.7 の行と 0.02 の列とを進んだ交点である 0.7642）を引けば求めることができます。次のように，その確率は約 14% です。

$$P(0.72<Z<1.31)=P(Z<1.31)-P(Z<0.72)$$
$$=0.9049-0.7642=0.1407$$

最後に，Z の値の範囲が 1.47 以上になる確率は，Z の値の範囲が 1.47 以下になる確率（1.4 の行と 0.07 の列とを進んだ交点である 0.9292）を 1 から引け

ば求めることができます。次のように，その確率は約7%です。

$$P(1.47 < Z) = 1 - P(Z < 1.47)$$
$$= 1 - 0.9292 = 0.0708$$

以上のように，標準正規分布に従う確率変数 Z の値の範囲に係る確率は，標準正規分布表を参照することによって自在に求めることができます。

例 題

標準正規分布に従う Z に関して，次の確率を求めなさい。
P(−2.0 < Z < −1.0)

解答

ここまで取り上げた例にはないパターンですが，標準正規分布の確率密度関数のグラフの下側の，Z の値の範囲が−2.0 から−1.0 になる部分の面積が確率になります。その確率は，Z の値の範囲が−1.0 以下になる確率から−2.0 以下になる確率を引けば求めることができます。両者はそれぞれ Z の値の範囲が 1.0 以上になる確率および 2.0 以上になる確率と同じですので，次のとおり計算すると約 14%になります。

$$P(-2.0 < Z < -1.0) = P(Z < -1.0) - P(Z < -2.0)$$
$$= P(1.0 < Z) - P(2.0 < Z)$$
$$= \{1 - P(Z < 1.0)\} - \{1 - P(Z < 2.0)\}$$
$$= (1 - 0.8413) - (1 - 0.9772)$$
$$= 0.1587 - 0.0228$$
$$= 0.1359$$

ところで，Z の値の範囲が例えば−1.0 以上になる確率はどうすれば求めることができるでしょうか。この確率は，標準正規分布の確率密度関数のグラフの下側の，Z の値の範囲が−1.0

から右側の部分の面積です。標準正規分布はゼロを中心として左右対称な分布ですから，その部分の面積は，反対側の 1.0 から左側の部分と同じになります。求める確率は，$Z=1.0$ に対応する Z の累積分布関数の値である 0.8413，約 84% です。

9.2.2　確率変数の標準化

　前項の最初で，標準正規分布は様々な正規分布に係る確率を考える際の基準になる，と述べました。標準正規分布以外の正規分布に従う確率変数の値が様々な範囲になる確率は，本項で説明する確率変数の標準化によって標準正規分布の確率に置き換えることができます。

　期待値が μ，標準偏差が σ の正規分布に従う確率変数 X を考え，そのすべての値から μ を引き算した上で，σ で割るとします。計算の結果は，次式によって表現される別の確率変数になります。

$$\frac{X-\mu}{\sigma}$$

　この式の計算は，X の一次式です。そして，正規分布に従う確率変数を一次式の形で書き換えた別の確率変数は，同様に正規分布に従うことが分かっています。期待値を中心として左右対称な形のままになるわけです。

　ここで，正規分布の確率密度関数のグラフをイメージしてみてください。X のすべての値が μ だけ横方向に変化するのですから，グラフ全体が μ の分だけ横に移動します。もともとの μ の位置（グラフの頂点）も同様ですから，例えばもともとの μ が 3 だったとすれば 3 だけ左にずれて 0 になるように，新たな確率変数の期待値は 0 になります。さらに，確率密度関数の横幅をイメージしてみてください。横方向に変化したすべての値を σ で割っています。例えば，もともとの μ が 3 で σ が 4 だったとすると，μ から標準偏差一個分（σ）だけ右側に離れていたもともとの 7 は，$(7-3)\div 4=1$ になってい

ます。期待値からの距離が，4から1に縮小したわけですね。言い換えると，確率密度関数の全体の幅がσ分の1に変化しています。そのため，新たな確率変数の標準偏差は1になります。

　正規分布に従うのと同時に期待値が0で標準偏差が1であるという確率変数は，標準正規分布に従う確率変数にほかなりません。そのため，上記の式による変換を**標準化**といいます。標準化後の確率変数をZとし，正規分布の表記方法を用いて標準化を表しておきましょう。

$$X \sim N(\mu, \sigma^2)$$
$$Z = \frac{X - \mu}{\sigma} \sim N(0,1)$$

　さらに，もとのXの値がある範囲になる確率は，標準化した後のZの（対応する）値の範囲に対応付けられる確率として求めることができます。例えば，もともとXのμが3でσが4だった場合，Xの値の範囲が2から5までの間となる確率は，Zの値の範囲が$(2-3) \div 4 = -0.25$から$(5-3) \div 4 = 0.5$までの間になる確率と同じです。

例題

次の正規分布に従う X の値の範囲が負になる確率を求めなさい。

X ~ N(3, 49)

解答

　　　Xの期待値μは3，分散が49なので標準偏差σはその平方根である7です。Xの値の範囲が負になるということは$X<0$の範囲です。求める確率を$P(\ )$の形式で表した上で，両辺を標準化してZに関する式に書き換えます。

$$P(X<0) = P\left(\underbrace{\frac{X-\mu}{\sigma}}_{=Z} < \frac{0-\mu}{\sigma}\right)$$

$$= P\left(Z < \frac{0-3}{7}\right)$$

$$\approx P(Z < -0.43)$$

Z の値の範囲が -0.43 以下になる確率は，Z の値の範囲が 0.43 以上になる確率と同じです。それは，Z の値の範囲が 0.43 以下になる確率（0.6664）を 1 から引いた 0.3336，約 33%だといえます。

例題

次の正規分布に従う X の値の範囲が 4 から 8 までの間になる確率を求めなさい。

X ~ N(6, 100)

解答

求める確率は，$P(4<X<8)$ です。次のようにカッコの中のすべての項を標準化して，Z の値の範囲に置き換えます。X の期待値は 6，分散が 100 なので標準偏差はその平方根である 10 です。

$$P(4<X<8) = P\left(\frac{4-\mu}{\sigma} < \underbrace{\frac{X-\mu}{\sigma}}_{=Z} < \frac{8-\mu}{\sigma}\right)$$

$$= P\left(\frac{4-6}{10} < Z < \frac{8-6}{10}\right)$$

$$= P(-0.2 < Z < 0.2)$$

Z の値の範囲が -0.2 以下になる確率は，Z の値の範囲が 0.2 以下になる確率である 0.5793 を 1 から引いて 0.4207 として

計算することができ，Z の値の範囲が 0.2 以下になる確率は 0.5793 ですから，求める確率は両者間の引き算（0.5793 − 0.4207）の答えとなる 0.1586，約 15% です。

9.2.3 数式による標準化の結果の確認

本項は念を入れるために加えるだけですので，数式が嫌いな人は読み飛ばしても差し支えありません。

ともあれ，標準化後の期待値が 0 になることは，期待値の性質を利用して次のように確認することができます。

$$E\left[\frac{X-\mu}{\sigma}\right] = E\left[\underbrace{\frac{1}{\sigma}}_{\text{定数}}\underbrace{(X-\mu)}_{\text{確率変数}}\right] = \frac{1}{\sigma}E[X-\mu]$$

$$= \frac{1}{\sigma}\left(\underbrace{E[X]}_{=\mu} - \underbrace{E[\mu]}_{=\mu}\right)$$

$$= \frac{1}{\sigma}(\mu - \mu) = 0$$

同様に，標準化後の分散・標準偏差が 1 になることも，分散の定義に期待値の性質を当てはめることによって，次のように確認することができます。

$$Var\left[\frac{X-\mu}{\sigma}\right] = E\left[\left(\frac{X-\mu}{\sigma} - \underbrace{E\left(\frac{X-\mu}{\sigma}\right)}_{=E(Z)=0}\right)^2\right] = E\left[\left(\frac{X-\mu}{\sigma}\right)^2\right]$$

$$= E\left[\underbrace{\frac{1}{\sigma^2}}_{\text{定数}}\underbrace{(X-\mu)^2}_{\text{確率変数}}\right] = \frac{1}{\sigma^2}\underbrace{E[(X-\mu)^2]}_{=\sigma^2}$$

$$= \frac{1}{\sigma^2} \cdot \sigma^2 = 1$$

最後に，標準化する前の X の値の範囲の確率と，標準化した後の Z の対応する値の範囲の確率が同じになる点は，確率が確率密度関数の積分の形で求められる，ということに基づいて確認することができます。積分は，独立変数の値がごくわずかに変化する（例えばΔx）幅をとって確率密度関数の高さまで伸ばした細長い長方形の面積の合計だと考えることができました。そのような長方形の面積は，確率密度関数の値（元の位置の X の値が x なら $f(x)$ です。）と Δx を掛け算した結果です。正規分布の確率密度関数の式にこの関係を当てはめると，次のとおりです。

$$f(x) \times \Delta x = \frac{1}{\sqrt{2\pi}\sigma} \cdot e^{-\frac{1}{2}\left(\frac{x-\mu}{\sigma}\right)^2} \times \Delta x$$

　ここで，確率密度関数の e の指数の部分の2乗のカッコの中が，x を標準化した z になっていることに注目し，z と表すことにします。さらに，e の項の前に掛け算してある分数の分母の σ を Δx の下に移します。結果は次のとおりになります。

$$f(x) \times \Delta x = \underbrace{\frac{1}{\sqrt{2\pi}} \cdot e^{-\frac{1}{2}z^2}}_{z\text{の確率密度関数}} \times \frac{\Delta x}{\sigma}$$

　2本の式をよく見比べてください。下の方の式の右辺の前半部分（$\Delta x/\sigma$ 以外の部分）は，z の確率密度関数の式です。その値が，x の確率密度関数の σ 倍になっていることに注目してください。さらに，式の後半部分は，Δx から $\Delta x/\sigma$ に変化しています。この幅は，もとの x の変化幅 Δx の σ 分の1です。言い換えると，もとの x の変化幅に対応する z の変化幅になっています。つまり，書き換えた後の式は，z に関する確率を計算する式（高さが σ 倍，幅が σ 分の1に変化した長方形の面積の式）になっているわけです。長方形の面積は同一のままですから，確率も変化しないということになります。

第10章 統計的推測

10.1 統計的推測と標本

10.1.1 一部から全体を推測する

統計的推測というと難しそうですが，全体を調べる時間と費用がない場合に一部分だけを調べて全体の平均値と分散を推測する，ということです。

金融資産やポートフォリオの将来のリターンに応用する場面は抽象的でイメージが把握しにくいので，人口全体の身長の平均値と分散，農場全体のトマトの重量の平均値と分散など，具体的な実態がある全体と一部を想定するのがよいと思います。

統計的推測の応用場面は，意外に身近なところにあります。総務省統計局が毎月公表している失業率の値は，約 6,600 万人の労働力人口（15〜64 歳の人のうち働くことが可能で働く意思もある人の数）のうち，およそ 10 万人の聞取り調査の結果を，母集団である 6,600 万人の推定値として用いています。メディア各社が公表する内閣支持率の数値も，国民の一部の意見を調べて全体の支持率の推定値だとみなす統計的推測の一種です。ちょっと乱暴な一般化の例ですが，「自分が知っている××の人たちは親切なので，××は親切な人が多い場所なのだろうと思う。」という推測も，（統計的推測とはいえませんが）一部をもとに全体を推測する認識活動であることには違いありません。

10.1.2 無作為標本

統計的推測は，実際に観察する一部（標本）が全体の分布をうまく再現してくれないと成り立ちません。そのための工夫が**無作為標本**です。無作為標本は，全体を構成する1つ1つ（または1人1人）のうち，どの1つ（1人）が観察の対象として選び出される確率も同じになるようにして抽出される標本です。「でたらめに」抽出する，ともいわれます。

例えば，日本の人口全体の身長の場合であれば，聞取りの対象となる1人1人が選び出される確率が，約1億2,685万人の全員について同じになるということです。総人口のうち一部の標本の調査を始める前の段階に立ってみると，特定の1人の人が選び出される確率は約1億2,685万分の1だということができます。こうして，無作為標本と確率変数の枠組みが結び付きます。調査の前の段階では，1人1人が標本として選び出されるという自然の状態に，それぞれ約1億2,685万分の1という確率が対応付けられます。その人の身長が，当該の自然の状態に対応付けられる将来の不確実な値になっています。

そうした中で，例えば平均身長の周辺のように人数が多い身長の人が無作為標本として選び出される場合の数はそれだけ多くなります。言い換えると，そのような値の身長になっている人が選び出される相対頻度は，人数に比例して高くなるでしょう。逆も同様ですね。無作為標本を集める前の段階で想定されるそのような相対頻度とは，確率の定義の頻度説が描く確率にほかなりません。この相対頻度が母集団の分布そのものだ，という点に注目してください。

無作為標本

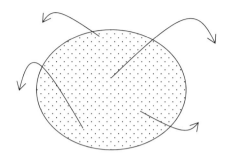

　結局，調査を始める前の段階では，1つ1つの無作為標本の値を確率変数だと考えることができ，それぞれの値の確率は母集団における相対的割合（母集団における確率）と同じになる，ということができます。

　人口全体の身長の分布が正規分布と同じ形になっており，平均値がμセンチメートル，分散がσ^2だとしましょう。この場合，人口全体からの1人1人の無作為標本の身長（Xとします。）は，測定する前の段階では，（母集団と同じ）次の正規分布に従う確率変数になるわけです。

$$X \sim N(\mu, \sigma^2)$$

　この点は，統計的推測を理解する鍵になる重要なポイントです。ここでは，イメージしやすいように，実体がある母集団からの無作為標本を取り上げましたが，次項で述べるように，金融資産の将来のリターンを母集団として想定し，毎期実現するリターンを無作為標本だと考える場面でも同様になります。

　事前の段階では，無作為標本の値は母集団と同一の分布に従う確率変数になるわけです。

10.1.3 金融資産やポートフォリオの将来の結果と過去の実績値

金融資産やポートフォリオの将来の結果と過去の実績値との間の関係に目を移しましょう。

この場面では，将来の結果を確率変数として把握し，その母集団が例えば人口全体のような母集団に対応します。他方，過去の実績値は，前項で述べた無作為標本と比較して，どのように実現したとみることができるでしょうか。

この点は，金融資産**市場の効率性**（金融資産の将来のペイオフひいては現在の価格に影響を及ぼす情報がどれだけ豊富および迅速に現在の市場価格に反映されるか，という問題です。）に関連しています。標準的な考え方は次のとおりです。

金融資産市場には多数の投資家が参加しており，利益を獲得する機会を探すために大変な努力を払っています。金融資産の現在の価格が割安または割高であることを示す新たな情報を見付けた投資家は，他の投資家に悟られる前に素早く行動するでしょう。したがって，新たな情報が発生した場合には，そのような投資家による買いまたは売りの結果，金融資産の価格もその情報を反映した水準まで素早く変化すると思われます。

ところが，金融資産の価格に影響を及ぼすような新たな情報が，良い（価格を押し上げる）ニュースになるのか悪い（価格を押し下げる）ニュースになるのか，予め知ることはできません。一瞬先は闇だという諺のように，良いニュースと悪いニュースのいずれがもたらされるかは，その時々の偶然で決まるでしょう。逆にいうと，そのようにでたらめに決まるニュース以外のニュースがあったとしても，それを先取りする投資家の行動の結果として，既に価格に反映されてしまっているはずです。

そうすると，それぞれの時点から見た金融資産の将来の価格は，無作為標本の値と同様に，可能性のある様々な値の中から偶然に実現する 1 つの結果だ，ということができます。毎日ないしは毎期の金融資産の価格の実績値

は，その前の段階から見た将来の価格の母集団から抽出された，無作為標本の値だったのだ，と考えることができます。

標本平均，標本分散・標本標準偏差等

10.2.1 標本平均，標本分散・標本標準偏差

　無作為標本は，でたらめに抽出されるのですから，人為的な選択を行う場合よりは，母集団の分布をうまく（偏りなく）反映すると考えることができそうです。そこから，無作為標本の平均値や分散・標準偏差（**標本平均，標本分散・標本標準偏差**）が，母集団全体の平均値や分散・標準偏差を示している，とみなす発想がもたらされます。そう考えて標本平均や標本分散・標本標準偏差を母集団の値の推定値にする方法は，**点推定**と呼ばれます。

　標本を集めた後の値だという意味を込めて小文字の x を用いることにしましょう。n 個（n を用いるのが慣習的ですが，自然数を意味する natural number の頭文字なのだと思います。）の標本の値の標本平均および標本分散・標本標準偏差の計算式は，次のとおりになります。平均値には「¯」（バー）を付け，母集団分散・標準偏差と区別するために，標本分散・標本標準偏差は「s」で表すことにしましょう。

標本平均　　　$\bar{x} = \dfrac{1}{n}(x_1 + x_2 + \cdots + x_n)$

標本分散　　　$s^2 = \dfrac{1}{n}\{(x_1 - \bar{x})^2 + (x_2 - \bar{x})^2 + \cdots + (x_n - \bar{x})^2\}$

標本標準偏差　$s = \sqrt{s^2}$

　それぞれに対応する母集団の値の計算式との違いは，確率の代わりに標本数分の 1 を用いる点だけであり，計算の仕組みそのものは同じです。そのため，母集団の期待値（平均）および分散・標準偏差の計算上の性質はすべて，標本の値についても成り立ちます。それぞれの結論を列記すると，次の

とおりです。

> - 2つの別々の母集団からの標本の値の和の平均値は，それぞれの標本平均の和になる。
> - 標本の値の定数倍の平均値は，もとの標本平均の定数倍になる。
> - 標本分散は，標本の値の2乗の平均値から標本平均の2乗を引き算しても計算することができる。
> - 標本の値の定数倍の分散は，もとの標本分散と当該の定数の2乗との積になる。

10.2.2 標本共分散と標本相関係数

2つの異なる母集団からの標本の間の標本共分散および標本相関係数も，標本数を n とし，それぞれの標本を x および y で表すことにすると，次のように計算することができます。標本共分散は s，標本相関係数は r として，xy を下付きの添え字にするのが通常です。

標本共分散　　　$s_{xy} = \dfrac{1}{n}\sum_{i=1}^{n}(x_i - \bar{x})(y_i - \bar{y})$

標本相関係数　　$r_{xy} = \dfrac{s_{xy}}{s_x \cdot s_y}$

やはり計算の仕組みそのものは母集団の場合と同じですから，母集団共分散の計算上の性質は標本共分散についても成り立ちます。結論を列記しておくことにします。

> - 標本共分散は，標本の値の積の平均値から標本平均の積を引き算しても計算することができる。
> - 標本の値の定数倍の間の共分散は，もとの標本共分散にそれぞれの定数を掛け算した値になる。

上記の点は，前項で触れた標本平均，標本分散・標本標準偏差の計算上の性質と合わせて，回帰分析の計算で用いられることになります。

 ## 標本平均の分布と点推定

10.3.1 標本平均の期待値

個々の無作為標本の値が，事前の段階では母集団と同じ分布に従う確率変数だと考えられることは 10.1.2 で述べました。結果的に集まる標本平均の値はどうでしょうか。これから何個かの（n 個とします。）標本を集めるという段階では，個々の標本の値は確率変数として把握されますから，標本平均の値も，次式で表されるもう 1 つの確率変数になります。「¯」を付けて標本平均を示すことにしますが，事前の確率変数の段階ですから大文字を用います。

$$\overline{X} = \frac{1}{n}(X_1 + X_2 + \cdots + X_n)$$

事前の段階の標本平均の期待値を考える際のポイントは，個々の標本の期待値が母集団の平均値と同じだ，というところです。この情報と期待値の性質だけで，事前の段階の標本平均の期待値を次のように導くことができます。標本数 n が定数だということに注意して下さい。母集団平均は μ だとします。

$$\begin{aligned}
E(\overline{X}) &= E\left[\frac{1}{n}(X_1 + X_2 + \cdots + X_n)\right] \\
&= \frac{1}{n}E[(X_1 + X_2 + \cdots + X_n)] \\
&= \frac{1}{n}\{E(X_1) + E(X_2) + \cdots + E(X_n)\} \\
&= \frac{1}{n}\overbrace{(\mu + \mu + \cdots + \mu)}^{n\text{個}} = \frac{1}{n} \times n\mu = \mu
\end{aligned}$$

このように，標本平均の期待値は母集団平均に一致します。この点は，母集団が金融資産の将来の価格のような確率変数である場合でも変わりません。これから何ヶ月かまたは何年かという期間の実績値（無作為標本）を観察し，その先の将来の価格を考えるという段階から見た当該の期間の平均値が，事前の段階の標本平均に相当します。

10.3.2 標本平均の分散と大数の法則

事前の段階で考えている標本平均はまだ確率変数ですから，その分散も考えることができます。標本を集める前の段階で考えている標本平均が平均的には母集団の期待値になるとして，ではその期待値からどの程度ばらつくだろうか，という視点です。

ここで，無作為標本が「でたらめに」抽出されることを思い出してください。「でたらめ」に抽出されるということは，法則性や規則性がないということですから，1つ1つの無作為標本の値も毎回偶然に決まり，その前に抽出された標本の値とは無関係になるはずです。言い換えると，それぞれの標本の分布はお互いに独立だということになります。事前の段階のそれぞれの無作為標本のように，どれも母集団と同一の分布に従うがお互いに独立であるということを，確率変数が**独立同一分布**に従う，といいます。英語の independent and identically distributed の頭文字をとって，「i.i.d.」と表記されることもあります。

お互いに独立な確率変数の間の共分散は 0 になるのでした。この情報をもとにして，事前の段階の n 個の無作為標本の標本平均の分散を，分散の定義式に当てはめて求めてみましょう。母集団の期待値が μ，標準偏差が σ だとします。

第10章 統計的推測

$$
\begin{aligned}
Var(\overline{X}) &= E[(\overline{X}-\mu)^2] \\
&= E\left[\left\{\frac{1}{n}(X_1+X_2+\cdots+X_n)-\mu\right\}^2\right] \\
&= E\left[\left\{\frac{1}{n}(X_1+X_2+\cdots+X_n-n\mu)\right\}^2\right] \\
&= E\left[\frac{1}{n^2}\{(X_1-\mu)+(X_2-\mu)+\cdots+(X_n-\mu)\}^2\right] \\
&= \frac{1}{n^2}E[(X_1-\mu)^2+(X_2-\mu)^2+\cdots+(X_n-\mu)^2 \\
&\qquad +2(X_1-\mu)(X_2-\mu)+\cdots+2(X_{n-1}-\mu)(X_n-\mu)] \\
&= \frac{1}{n^2}[E[(X_1-\mu)^2]+E[(X_2-\mu)^2]+\cdots+E[(X_n-\mu)^2] \\
&\qquad +\underbrace{2E[(X_1-\mu)(X_2-\mu)]+\cdots+2E[2(X_{n-1}-\mu)(X_n-\mu)]]}_{\text{どれも共分散なのですべてゼロ}} \\
&= \frac{1}{n^2}\underbrace{[E[(X_1-\mu)^2]+E[(X_2-\mu)^2]+\cdots+E[(X_n-\mu)^2]]}_{\sigma^2 \text{が} n \text{個}} \\
&= \frac{1}{n^2}\cdot n\sigma^2 = \frac{\sigma^2}{n}
\end{aligned}
$$

　事前の段階の標本平均の分散が，母集団の分散の n 分の 1 になることが確認されました。このことは，標本数 n をどんどん多くしていけば，標本平均の分散がそれと反比例して小さくなっていくことを意味しています。標本数を無限に大きくすれば，事前の段階の標本平均の分散は 0 になるわけです。この法則は**大数の法則**（たいすうのほうそく）と呼ばれます。そこまでは無理だとしても，十分な数の無作為標本を集めれば標本平均の分散も十分に小さくなる，と考えることができます。

　言い換えると，後で結果的に観察される標本平均の実績値が母集団平均の近辺の値になる可能性が高くなる，ということです。そこで，標本数を確保するという条件付きながらも，後で結果的に観察された標本平均の実績値がほぼ母集団平均を示しているとみなし，その値を母集団平均の値だと考える点推定が用いられるわけです。金融資産のリターンなら，過去 5 年間の毎

年の実績値の平均が今後 1 年間のリターンの母集団の期待値だと考える，という方法です．

10.3.3　標本平均の分布のまとめ

事前の段階の標本平均の分布については，もう 1 つ重要なポイントがあります．それは，母集団が正規分布に従う場合には，個々の無作為標本だけでなく，事前の段階の標本平均も正規分布に従う，という性質です．この点は，標本平均が基本的に，個々の無作為標本の足し算の形になっていることに基づいています．正規分布などの分布に従う変数を足し算しても分布の形が変化しないという性質であり，**再生性**と呼ばれています．

さらに，参考までに紹介しておくと，より一般的な議論として，母集団が正規分布に従わない場合でも，標本数を増やすのに連れて事前の段階の標本平均の分布が正規分布に近付いて行くという，**中心極限定理**と呼ばれる定理もあります．

事前の段階の標本平均の分布の説明が分かりにくいと思った読者は，例えば 100,000 個のトマトが母集団だとして，その無作為標本の事前の段階の標本平均をイメージしてみてください．標本数が 5 個や 10 個の場合と比較して，99,999 個のトマトを無作為に抽出してその平均値を測定すれば，母集団の平均値とほとんど同じ値になることは容易に想像が付きますね．

ともあれ，正規分布を前提として，母集団と事前の段階の n 個の無作為標本の標本平均の分布との関係を式にまとめると，次のようになります．

$$X \sim N(\mu, \sigma^2)$$
$$\overline{X} \sim N\left(\mu, \frac{\sigma^2}{n}\right)$$

標準偏差は分散の平方根ですから，事前の段階の標本平均の標準偏差が母集団標準偏差のルート n 分の 1 になることも記憶しておきましょう．

第10章 統計的推測

 例 題

次の正規分布に従う母集団からの 16 個の無作為標本の標本平均の（事前の段階の）分布の種類を指摘するとともに，期待値と標準偏差を求めなさい。

X ~ N(7, 64)

 解答

母集団が正規分布に従っているので，事前の段階の標本だけでなく，標本平均も正規分布に従います。期待値は母集団と同じ 7 です。

事前の段階の標本平均の分散は 64 の 16 分の 1 （＝4）になります。標準偏差は 4 の平方根すなわち 2 です。

10.4 母集団平均の区間推定（その 1）

10.4.1 区間推定の考え方

点推定は，標本平均の値をそのまま母集団平均だとみなす方法なので簡便ですが，やはり不安が残ります。標本数が少ない場合はいうまでもありませんが，標本数が確保できたとしても，大幅に偏った値が実現する可能性は残るからです。無作為標本だからこそ，そのような結果が偶然の仕業として発生することがあり得る，ということもできるでしょう。そこで，点推定のように特定の値を推定することをあきらめ，確率的にかなりの程度で母集団平均が収まっているだろうと思われる区間を推定する，という**区間推定**の発想が生まれます。

具体的には，観察された標本平均から見た上下の一定の幅を求めます。確率的にいって 95％の確信度があると考えられる範囲を求めることが多いですが，99％の確率に対応する範囲でも構いません。金融機関の資産ポー

フォリオのリスクの指標である VaR（バリュー・アット・リスク）は，99％にする例です。

10.4.2　母集団平均の95%信頼区間

計算は，確率変数の標準化の逆のプロセスをたどります。母集団が正規分布に従うと仮定しておきましょう。まず，期待値μ，標準偏差σの正規分布に従う確率変数Xの標準化の式を，次のようにXについて解きます。

$$Z = \frac{X-\mu}{\sigma} \Rightarrow X = \sigma Z + \mu$$

標準化は，Xの値をZの値に変換し，そのZの値に対応する確率を確認する手順でしたが，逆に，期待値0を中心として95％の確率に対応するZの値の範囲からスタートします。9.2.1 の標準正規分布表から，Zの値の範囲が 1.96 以下となる確率が 97.5％（その外側の，Zの値の範囲が 1.96 以上となる確率は 2.5％）であること，および，符号を反対にした-1.96以下になる確率は 2.5％だと分かります。

したがって，Zの値の範囲が-1.96から$+1.96$までの間になる確率は，97.5$-$2.5$=$95％になります。式の形式で表現すれば，次のとおりです。

$$P(-1.96 < Z < +1.96) = 0.95$$

確率変数の標準化の演算を行っても確率が変化しなかったのとまったく同様に，この式を次のように標準化の逆のプロセスで変形しても，確率は変化しません。

$$P(-1.96\sigma < \sigma Z < +1.96\sigma) = 0.95$$
$$P(-1.96\sigma + \mu < \underbrace{\sigma Z + \mu}_{=X} < +1.96\sigma + \mu) = 0.95$$
$$P(-1.96\sigma + \mu < X < +1.96\sigma + \mu) = 0.95$$

ここで，式のカッコの中の中央の項がμになるように工夫することを考えます。それには，次のようにすべての辺からXおよびμを引き算した上で，-1を掛けます。負の値を掛け算すると不等号の向きが逆になることに注意してください。

$$P(-1.96\sigma + \mu - X - \mu < X - X - \mu < +1.96\sigma + \mu - X - \mu) = 0.95$$
$$P(-X - 1.96\sigma < -\mu < -X + 1.96\sigma) = 0.95$$
$$P(X - 1.96\sigma < \mu < X + 1.96\sigma) = 0.95$$

最後の式では，その上の式のカッコの中の最初の辺と最後の辺の符号が逆になり，位置を交代しています。最後の式のカッコの中は，確率変数Xの値から，上下にXの標準偏差σの1.96倍離れた点までの範囲内に母集団平均が収まる確率が95%だ，ということを示しているように見えます。

しかし，そのように理解すると，母集団平均の値がXの特定の値のまわりをふらふらと行ったり来たりすることになってしまいます。母集団平均（期待値）は定数ですから動きません。そのため，「μが$X \pm 1.96\sigma$になる確率は95%」ということができず，「Xの値を中心として，上下にXの標準偏差の1.96倍までの範囲に母集団平均があるということは，確率的に95%の確信度をもっていうことができる。」という，何とも奥歯に挟まったような表現が行われます。

そのような範囲を，**母集団平均の 95%信頼区間**と呼びます。この呼び名も何だか自信がなさそうな響きです。ともあれ，標準偏差がσの正規分布に従う確率変数Xの母集団平均の95%信頼区間は，次のように表します。

$$[X - 1.96\sigma, X + 1.96\sigma]$$

例えば，Xの無作為標本を1つ取り出したところ，値が15であり，Xの母集団標準偏差が8だということが分かっているとします。この場合には，15というXの値から$8 \times 1.96 = 15.68$上下に離れた-0.68から30.68の範囲が，Xの母集団平均の95%信頼区間になります。

10.4.3 標本平均の場合

標本平均をもとにして母集団平均の 95％信頼区間を求める区間推定の考え方も，前項と同様です。

違いは，例えば標本数が n だとすると，事前の段階の標本平均の標準偏差が母集団の標準偏差のルート n 分の 1 になることだけです。平均が μ，標準偏差が σ の正規分布に従う母集団からの，事前の段階の n 個の無作為標本を X とすると（下付きの数字で番号を表すことにします。），X およびその標本平均の分布は次のとおりになりました。

$$X_1, X_2, \cdots, X_n \sim N(\mu, \sigma^2)$$
$$\overline{X} \sim N\left(\mu, \frac{\sigma^2}{n}\right)$$

標準偏差の違いを反映して，標本平均に基づく母集団平均の 95％信頼区間は次のようになります。

$$\left[\overline{X} - 1.96 \times \frac{\sigma}{\sqrt{n}}, \overline{X} + 1.96 \times \frac{\sigma}{\sqrt{n}}\right]$$

この区間の計算のために標本平均に加減される値は，Z の上下 2.5％の範囲を決める±1.96 と，標本平均の標準偏差（σ÷ルート n）とを掛け算した値です。標本平均を中心に 95％の確信度を得るための誤差分を決める値だという意味で，**標準誤差**と呼ばれています。

標準誤差　$\dfrac{\sigma}{\sqrt{n}}$

第10章 統計的推測

> **例 題**
>
> 平均が 10，標準偏差が 14 の正規分布に従う母集団から 4 個の無作為標本を抽出したところ，次のとおりになりました。母集団平均の 95%信頼区間を求めなさい。
>
> | 番号 1 | 2 | 3 | 4 |
> |---|---|---|---|
> | 30 | −2 | 23 | −18 |

解答

まず，標本平均を計算します。事後的な値なので小文字の x を用いることにします。

$$\bar{x} = \frac{1}{4} \times (30 - 2 + 23 - 18)$$
$$= \frac{33}{4} = 8.25$$

次に，標本数が 4 ですから，事前の段階の標本平均の標準偏差は，母集団標準偏差 14 を 4 の平方根 2 で割った値 (7) になります。したがって，母集団平均の 95%信頼区間は次のようになります。

$$\left[8.25 - 1.96 \times \frac{14}{\sqrt{4}}, 8.25 + 1.96 \times \frac{14}{\sqrt{4}} \right]$$
$$[-5.47, 21.97]$$

標本数が少ないために事前の段階の標本平均の標準偏差が十分に小さくならず，区間の広さは母集団平均の値の 2 倍超になっています。もし標本数が 100 だったなら，事前の段階の標本平均の標準偏差は母集団標準偏差の 10 分の 1，すなわち 1.4 になっていたでしょう。標本平均は上記と同じ 8.25 だと

仮定すると，その場合の母集団平均の 95％信頼区間が次のとおりになることを確認してみてください。

$$[5.506, 10.994]$$

さらに，上記と同じ母集団標準偏差（14）の下で，母集団平均の 95％信頼区間の幅を 3 以下にするために必要な標本数を考えてみましょう。標本平均からの片側の幅（1.96×標準偏差）が 1.5 以下であればよいので，標本数を n とすると次式が成り立つ必要があります。

$$1.96 \times \frac{14}{\sqrt{n}} \leq 1.5$$

この式を n について解くと，次のとおり 335 個の標本が必要であることが分かります。

$$\frac{1.96 \times 14}{1.5} \leq \sqrt{n}$$

$$\left(\frac{1.96 \times 14}{1.5}\right)^2 \approx 334.646 \leq n$$

上記の数値例が，あるファンドの過去 4 年間のリターンの実績値だったと考えてください。このファンドのデータをもとに，将来のリターンの 3％以内の範囲の 95％信頼区間を求めるのには，何と 335 年間も観察する必要があるわけです。このように，実績値をもとにファンドの実力を正確に推定することが，非常に難しい作業だということに注目してほしいと思います。

母集団分散の推定

10.5.1 不偏標本分散

標本平均の値を母集団平均の値だとみなす点推定と同様に，標本分散の値を母集団分散だとみなす点推定も行われます。しかし，母集団分散の点推定には，10.2 に記載した標本数 n を分母にするのではなく，それよりも 1 少ない $n-1$ を分母にする**不偏標本分散**が使用されます。

この点についての最も素っ気ない説明は，事前の段階の不偏標本分散に $n-1$ を掛け算して母集団分散（σ^2）で割った次の確率変数を想定し，それが自由度 $n-1$ のカイ 2 乗分布という分布に従う確率変数になるから，というものです。

$$\frac{(n-1)S^2}{\sigma^2}$$

母集団分散と区別するために，「S^2」を用いて標本分散を表していますが，事前の確率変数の段階であることを示すために大文字にしています。

この説明の続きは次のようになります。自由度が $n-1$ のカイ 2 乗分布に従う確率変数の期待値は $n-1$ であることが分かっている。そこで，不偏標本分散の期待値を考えと，次のように母集団分散に一致する（言い換えると，分母を $n-1$ にして計算しないと，事前の段階の標本分散の期待値は母集団分散に一致しない。）。

$$E\left[\frac{(n-1)S^2}{\sigma^2}\right] = n-1$$
$$\frac{n-1}{\sigma^2}E(S^2) = n-1$$
$$E(S^2) = \sigma^2$$

事前の段階の標本平均の期待値が母集団平均に一致するのと同様な関係で

す。この性質を**不偏性**といいます。

　もっと地道な方法として，事前の段階の不偏標本分散の期待値の式を展開しても，不偏性を確認することができます。しかし，この方法にも，Σの計算と期待値の性質を十分に理解しておく必要があるという難点がありますので，詳細は割愛します。

　いずれにしても分かりにくいので，次項でもう少し詳しく自由度について述べることにします。

10.5.2　標本分散の自由度

　標本分散の計算では，無作為標本の値から標本平均の値を引き算して2乗します。ところが，標本平均は無作為標本の値を用いて計算されますので，「標本平均との値の間の距離」というよりも，標本の集まりの内側の距離を測っていることになります。加えて，母集団の分散ないしは標準偏差よりもお互いの間の距離が接近している標本の組合せは相対的に多数あり得る一方で，より離れている標本の組合せは相対的に少なくなるでしょう。2本の指で狭い幅と広い幅をそれぞれ作り，数直線上を段々に移動させる場面を想像してみてください。

　そのため，分母を標本数 n として計算すると，事前の段階の標本の分散ないしは標準偏差の値が（平均的に見て）母集団のそれより狭くなる傾向がある，と考えられます。その偏りを調整するために，計算の分母の値を小さくする（標本数から1減らした $n-1$ にする）わけです。

　もう1つ別の角度から考えてみましょう。3個の標本をもとに標本分散を求める次の例を見てください。

$$s^2 = \frac{1}{3}\{(x_1 - \bar{x})^2 + (x_2 - \bar{x})^2 + (\underbrace{x_3}_{=3\bar{x}-x_1-x_2} - \bar{x})^2\}$$

$$= \frac{1}{3}\{(x_1 - \bar{x})^2 + (x_2 - \bar{x})^2 + \{(3\bar{x} - x_1 - x_2) - \bar{x}\}^2\}$$

標本平均の計算式を変形すると，3 番目の 2 乗の部分が x_1, x_2 と標本平均だけで表される形になり，x_3 が姿を消してしまいます。標本平均の計算の段階で x_3 の値も使ってしまっているために，x_3 の分の情報をとられてしまう（自由度が減少する）わけです。このように，標本平均を用いる計算では，標本数がもたらすばらつきの情報のうち，一個分が失われる結果になります。失われた自由度の分だけ，標本分散ないしは標準偏差の計算の分母を少なくする必要があります。

自由度は分かりにくいですが，本書で後に取り上げる t 分布や回帰分析でも登場しますので，「自由度は，差の 2 乗に関係する標本平均の数だけ標本数よりも少なくなる。」と記憶しておいてください。

10.5.3 標本分散の分散

標本平均と同様に標本分散についても分散を考えることができますが，カイ 2 乗分布の議論になるので，議論が込み入ってしまいます。詳細を割愛して結論だけに止めることにします。標準偏差が σ の正規分布に従う母集団からの，標本数が n の事前の段階の標本分散の分散は次式のとおりとなります。σ^2 が不偏標本分散の期待値であることに注意してください。

$$Var(S^2) = E[(S^2 - \sigma^2)^2] = \frac{2\sigma^4}{n-1}$$

難しそうに見えますが，標本平均との差の 2 乗の平均値である標本分散の，さらにまたその母集団平均との差の 2 乗の期待値が標本分散の分散ですから，式の σ が 4 乗になっています。さらに，式の分母の n （標本数）を大きくしていけば，標本平均の分散のケースと同様に，標本分散の分散が低下していくことが式から分かります。

10.6 母集団平均の区間推定(その2)と t 分布

10.6.1 正規分布に従う母集団の分散が未知の場合における標準化

10.4 で述べた区間推定は,正規分布に従う母集団の分散が分かっていることを前提にしていました。では,母集団の分散も分かっていない場合はどうでしょうか。

平均 μ,標準偏差 σ の正規分布に従うことが分かっている母集団からの,n 個の無作為標本の標本平均を事前の段階で標準化する計算は,次のとおりでした。

$$Z = \frac{\overline{X} - \mu}{\frac{\sigma}{\sqrt{n}}}$$

母集団分散・母集団標準偏差が分かっていないとなると,次のように,標準化の計算の分母として標本のデータ,すなわち不偏標本標準偏差を用いるしかありません。

$$\frac{\overline{X} - \mu}{\frac{S}{\sqrt{n}}}$$

上記の式と見比べると,母集団標準偏差の代わりに不偏標本標準偏差が分母に含まれていることが,両者間の唯一の違いです。そのため,この場合における結果が標準正規分布と非常に近い確率変数になる,という推測が付くと思います(今は事前の段階での議論ですので,標準化の結果も確率変数として把握されることに注意してください。)。

10.6.2 t分布

実際,前項の最後の式で表される確率変数は,平均が 0 で左右対称な連続型の分布になるという点で,標準正規分布と非常によく似た確率密度関数をもっています。ただ,分母に(事前の段階の)不偏標本標準偏差が含まれるという違いを反映して,分布の頂点となる 0(=平均)のところの確率密度関数の位置が少し低く,端の方の部分の位置が少し高い形の密度関数になります。この分布は t分布 と呼ばれます。

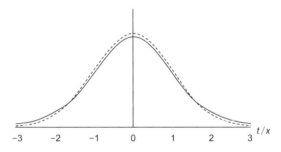

自由度 7 の t分布の確率密度関数
(破線は標準正規分布の確率密度関数)

さらに,t分布に従う確率変数には,カイ 2 乗分布と結び付けられる(事前の段階の)不偏標本標準偏差が含まれていることを反映して,対応付けられる確率も自由度ごとに異なった値になります(前掲の図の確率密度関数の自由度は 7 です。)。

t の値の範囲と確率との対応関係をまとめた表は,**t 分布表** と呼ばれます。次に掲載する表は,t分布表の例です。

t 分布表

	0.20	0.10	0.05	0.025	0.01
1	1.3764	3.0777	6.3138	12.7062	31.8205
2	1.0607	1.8856	2.9200	4.3027	6.9646
3	0.9785	1.6377	2.3534	3.1824	4.5407
4	0.9410	1.5332	2.1318	2.7764	3.7469
5	0.9195	1.4759	2.0150	2.5706	3.3649
6	0.9057	1.4398	1.9432	2.4469	3.1427
7	0.8960	1.4149	1.8946	2.3646	2.9980
8	0.8889	1.3968	1.8595	2.3060	2.8965
9	0.8834	1.3830	1.8331	2.2622	2.8214
10	0.8791	1.3722	1.8125	2.2281	2.7638
11	0.8755	1.3634	1.7959	2.2010	2.7181
12	0.8726	1.3562	1.7823	2.1788	2.6810
13	0.8702	1.3502	1.7709	2.1604	2.6503
14	0.8681	1.3450	1.7613	2.1448	2.6245
15	0.8662	1.3406	1.7531	2.1314	2.6025
16	0.8647	1.3368	1.7459	2.1199	2.5835
17	0.8633	1.3334	1.7396	2.1098	2.5669
18	0.8620	1.3304	1.7341	2.1009	2.5524
19	0.8610	1.3277	1.7291	2.0930	2.5395
20	0.8600	1.3253	1.7247	2.0860	2.5280
30	0.8538	1.3104	1.6973	2.0423	2.4573
40	0.8507	1.3031	1.6839	2.0211	2.4233
50	0.8489	1.2987	1.6759	2.0086	2.4033
100	0.8452	1.2901	1.6602	1.9840	2.3642
200	0.8434	1.2858	1.6525	1.9719	2.3451

t 分布表では，標準正規分布表とは逆に，t の値に対応する累積分布関数の値ではなく，(1−累積分布関数) の値が表示される習慣になっています。例えば，t の値の範囲が 1.8125 以上になるという確率ですね。この確率を**上側確率**といい，標準正規分布表が示す確率は**下側確率**といいます。また，t 分布表では，t の値，確率および自由度という 3 つの要素を縦横で示さなければならないので，t の値に対応付けられる上側確率（の一部）が一番上の行に表示され，左端の列には自由度，および，それ以外の部分に t の値が表示されます。例えば，自由度 10 の t 分布に従う t の値の範囲が 1.8125 以上になる確率は，表の左端の列を下に 10 まで移動し，そこから右に 1.8125 の位置まで移動して真上にある一番上の行の値を参照すると，0.05 すなわち 5%であることが確認できます。

10.6.3 t分布を用いた母集団平均の 95%信頼区間の推定

母集団標準偏差が分かっていない場合にも,上下 2.5%の確率に対応する t の値を確認しておけば,母集団標準偏差が分かっている場合と同様に,母集団平均の 95%信頼区間を求めることができます。例えば自由度が 12 だとすると,t分布表の自由度 12 の行まで下がり,そこから右に上側 2.5%の確率の列まで進んだ 2.1788 と,符号を反対にした -2.1788 との間が,95%の確率に対応する t の値の範囲になります。Z の場合と同様に $P(-2.1788 < T < 2.1788)$ という式を書き換えて X の区間に変化させていくと,次のとおりの区間に到達します。

$$[X - 2.1788, X + 2.1788]$$

さらに,標本平均を起点にする形式にこの区間を書き換えると,次のようになります。

$$\left[\overline{X} - 2.1788 \times \frac{S}{\sqrt{n}}, \overline{X} + 2.1788 \times \frac{S}{\sqrt{n}}\right]$$

この区間の ± 2.1788 が t の自由度によって異なる値になる点,および,その値に掛け算される分数の分子が標本標準偏差に変化する点だけが,Z を用いた場合との違いです。具体的に,例題を通じて手順を確認することにしましょう。

> **例 題**
>
> 正規分布に従う母集団から 4 個の無作為標本を抽出したところ,次のとおりになりました。母集団平均の 95%信頼区間を求めなさい。なお,この標本の平均は 8.25,不偏標準偏差は 22.2 です。
>
> | 番号1 | 2 | 3 | 4 |
> |---|---|---|---|
> | 30 | −2 | 23 | −18 |

解答

この例題は,母集団分散の値が与えられていない点を除けば,10.4.3 の例題と同じです。しかし,母集団分散が分かっていない状況になっていますので,t 分布を用いて母集団平均の 95%信頼区間を求める必要があります。

標本数が 4 ですから,問題で与えられている不偏標本標準偏差のもとになった不偏標本分散の自由度は $4-1=3$ になります。一方,自由度 3 の t の上側確率 2.5%の点の値は,t 分布表から 3.1824 だと分かります。母集団平均の 95%信頼区間に当てはめると,次のとおりです。事後的な標本平均と不偏標本標準偏差を用いていますから,小文字で表すことにしましょう。

$$\left[\bar{x} - 3.1824 \times \frac{s}{\sqrt{n}}, \bar{x} + 3.1824 \times \frac{s}{\sqrt{n}}\right]$$

$$\left[8.25 - 3.1824 \times \frac{22.2}{\sqrt{4}}, 8.25 + 3.1824 \times \frac{22.2}{\sqrt{4}}\right]$$

$$[-27.08, 43.58]$$

10.4.3 の例題の解答と比較すると,区間の幅がかなり広がっています。母集団分散が分かっていないからです。

第10章 統計的推測

　ちなみに，自由度が 100 の標本（すなわち標本数が 101 個の標本）であれば，t の上側確率 2.5%の点の値は 1.9840 ですから，Z の 1.96 とさほど変わらない結果になります。t 分布は，もともと標準正規分布を変形したような分布ですが，「標本数が増えて自由度が高まるのにつれて標準正規分布に近付いて行き，最終的には標準正規分布に一致する。」ということを記憶しておきましょう。

第11章 仮説検定（正規分布の場合）

11.1 仮説検定の枠組み

　仮説検定は，母集団平均などが分かっていない場合に，母集団から抽出された無作為標本（金融資産の将来のリターンに関する議論の場面では，過去のリターンの実績値）をもとに，母集団平均などに関する判断を行おうとする枠組みです。

　その際には，母集団の分布が「××分布」だということを想定した上で，母集団平均などに関する議論に進みます。本章では，母集団平均に関する仮説検定に対象範囲を限定することにし，前章までと同様に，母集団が正規分布に従うという前提を継続します。

　例えば，あるファンドの過去5年間のリターンの実績の平均値（標本平均）が年7%だったとしましょう。このファンドを購入するかどうかは，その将来のリターンがどの程度になるかという判断に依存します。そこで，その将来のリターンが正規分布に従う確率変数だと仮定した上で，その期待値を想定する場面をイメージしてください。

　ファンドの営業担当者は，「過去5年間はたまたまこういう結果になりましたが，このファンドの将来のリターンの期待値は年12%だと考えています。」と説明しています。読者の意見は異なっており，それより低いと感じています。どちらの意見を採用すればよいでしょうか。

　話が脇道にそれるようですが，筆者の友人の弁護士から，法廷で最も有効な立証方法の話を聞いたことがあります。その方法はというと，最初は相手

の主張を否定せずに，すべて語らせるのだそうです。その上で，相手の主張どおりだったと仮定すると理屈が合わない事実が起こっている，という証拠を提出します。すると，相手の主張が事実と矛盾していることが明らかなり，相手の主張そのものが事実の前に崩れ去る，というわけです。

実は，この手法には，統計学の**仮説検定**のエッセンスが凝縮されています。

仮説検定の最初の段階は，自分の立場から見て反駁したいと考えている相手方の主張を式に表すことです。この仮説（hypothesis）を仮説ゼロとして，上記の例では次のように表記します。

$$H_0 : \mu = 12$$

同時に，自分の主張も式にしておきます。上記の例では次のとおりです。

$$H_1 : \mu < 12$$

反駁したい相手方の主張の仮説 H_0 は**帰無仮説**と呼ばれます。一方，自分の意見の仮説 H_1 は**対立仮説**と呼ばれます。ポイントは，この段階で一旦は，帰無仮説が正しいと仮定する（相手の主張どおり，母集団平均が 12%だと仮定する），ということです。

その上で，実際に観察された標本平均の値が，相手の主張に反しない自然な結果なのか，それとも不自然な結果なのかを，確率と結び付けて判断する段階に進みます。

このプロセスは，数学というよりはむしろ弁護士の立証プロセスに近いということができます。区間推定の議論もそうでしたが，統計学の議論には，数学というよりもむしろ哲学的な雰囲気があります。仮説検定は法哲学的だといえばよいでしょうか。統計学のこうした印象は，回帰分析の分野でさらに強くなります。ともあれ，数値例に沿って仮説検定のプロセスを紹介することにします。

11.2 片側検定と両側検定

11.2.1 片側検定

前項で例に挙げたファンドの将来のリターンの分散が 169（標準偏差は 13%）だということが分かっているとします。この場合に仮説検定に用いることができるデータは，次のとおりです。

母集団平均 (μ)	母集団標準偏差 (σ)	4 年間の年間リターンの平均値（標本平均：$\bar{x}$）
?	13%	7%

検討する帰無仮説および対立仮説は，次のとおりでした。

$$H_0 : \mu = 12$$
$$H_1 : \mu < 12$$

仮説検定における判断は，一旦は正しいものとして受け入れた帰無仮説の下で，観察されたデータに対応付けられる確率の大きさに基づいて行います。今の例では，平均が 12% で標準偏差が 13% の正規分布に従う母集団から取り出される 4 個の無作為標本の標本平均の値の範囲が，7% 以下になる確率の値です。ここでは対立仮説として「母集団平均は 12% より低い」という仮説を採用していますので，対立仮説の立場から見て自分の方により近い，7% 以下の範囲となる確率を考えます。このような仮説検定を**片側検定**といいます。仮説検定にはもう 1 つの方法（両側検定）もありますが，それについては 11.2.4 で取り上げます。

正規分布に関連する確率の計算は標準化を用いて行いますから，与えられたデータの下で標準化した Z を最初に求めます。ファンドのリターンの事前の段階の標本平均を $\bar{X}$ としましょう（上記の表の標本平均は実績値なので，小文字にしています。）。

第11章 仮説検定(正規分布の場合)

$$P(\overline{X} < 7) = P\left(\frac{\overline{X} - \mu}{\frac{\sigma}{\sqrt{n}}} < \frac{7 - \mu}{\frac{\sigma}{\sqrt{n}}}\right)$$

$$= P\left(Z < \frac{7 - 12}{\frac{13}{\sqrt{4}}}\right)$$

$$\approx P(Z < -0.77)$$

　標準正規分布表から，Z の値の範囲が 0.77 以下になる確率は 0.7794 であることが分かりますので，−0.77 以下になる確率は，1 から 0.7794 を引いた 0.2206（約 22.1％）になります。この結果を言葉で表現すると，「帰無仮説が正しいとすると，4 年間の年平均リターンの実績値（無作為標本の標本平均）の値の範囲が 7％以下になる確率は 22.1％だ。」ということになります。この確率は，*p* 値と呼ばれます。

　この確率（*p* 値）をどう受け止めるか（実現したデータに対応付けられる確率が何％以下なら帰無仮説が正しくないことにするか）に関しては，仮説検定を始める段階で約束しておきます。5％または 1％にするのが通常です。この水準を**有意水準**と呼びます。有意水準は相当に低い確率に設定されるわけです。というのも，有意水準以下の確率が対応付けられるような結果は滅多に発生しない稀な結果だ，と考えられるからです。帰無仮説の下でそのような結果が起こることは，常識的に見て考えにくい事実（弁護士による立証の例で，相手方の主張のとおりだとすると不自然な事実）だということができます。そこで，有意水準以下の *p* 値となった場合は，そもそも帰無仮説自体が正しくない，と判断することになります。その場合には，**帰無仮説が棄却される**，といいます。逆に，帰無仮説が正しいという前提で計算された *p* 値が有意水準より高い場合には，不自然な事実が起こったとはいえませんので，帰無仮説が正しいと判断します。この場合には，**帰無仮説が受容される**，といいます。

本項で取り上げている例では，観察された標本平均に対応付けられる p 値は 22.1%です。事前に設定した有意水準が 5%でも 1%でも，正しいと仮定している帰無仮説の下で不自然な結果が起こったとはいえませんので，帰無仮説が受容され，ファンドの将来のリターンの期待値は 12%だろうという判断になります。

11.2.2 正しい（誤っている）と受容される（棄却される）

帰無仮説が受容されるまたは棄却されるという表現には，「請求認容」や「請求棄却」といった，裁判所の判決のような響きがあります。日常の用語とはかなり異なるので難解な印象を受けるかも知れませんが，この点はむしろ，統計学の謙虚さだと理解するとよいでしょう。

母集団平均の仮説検定は，誰も母集団平均の値を知らない状況で行われます。したがって，母集団平均に関するどんな結論に関しても，断定は不可能です。その点を率直に認めて，「正しいことにする」または「否定できない」，あるいは，「正しくないことにする」または「否定する」という表現に止めるという意味が，「受容」，「棄却」という用語に込められているわけです。

ちなみに，仮説検定の有意水準の 5%または 1%には，論理的な必然性があるわけではありません。5%とされる場合が多い理由は，仮説検定が行われるようになった当時，関係する分野の研究者の研究者生活が概ね 20 年間だったことだ，という話があります。頻度説の立場から見て，研究者人生で 1 度遭遇するかどうかというくらいに珍しい事実なのかどうか，ですね。

11.2.3 パーセント点による仮説検定

11.2.1 では，標準化した z の値に対応する p 値を求めて結論を出しました。しかし，有意水準に対応する Z の値（**パーセント点**といいます。）を予め確認しておけば，標準化した z の値とパーセント点の値とを比較するだけで，帰無仮説が棄却されるか受容されるかを判定することができます。

例えば、標準正規分布の下側（左側）の 5％の確率の境目になる値（下側 5 パーセント点）は、上側（右側）の 5％の境目になる値（上側 5 パーセント点）である 1.64 の符号を負にした－1.64 です。Z の上側 5 パーセント点の値は、正確には標準正規分布表の 1.64 と 1.65 の間ですが、1.64 とする場合が多いようです。$Z＝－1.64$ より左側（下側）の範囲にある値（－1.7、－2.5 など）には 5％よりも低い確率が対応付けられますから、有意水準 5％の下側の片側検定の場合は、標準化した z の値が－1.64 以下なら帰無仮説が棄却されるということができ、逆に－1.64 よりも大きければ（－1.4、0.7 など）帰無仮説が受容される、ということができます。

有意水準に対応するパーセント点よりも外側の領域を**棄却域**、内側の領域を**受容域**といいます。

11.2.1 の例では、標準化した z の値は－0.77 であり、下側 5 パーセント点の－1.64 の内側にありますので、この段階で帰無仮説が受容されると判断することができます。

11.2.4　両側検定

11.2.1 の例における読者の意見が、「母集団平均は 12％より低い。」ではなく、「より高いか低いかは分からないが、ともかく 12％ではない。」という内容だったとします。その場合には、帰無仮説は 11.2.1 と同じですが、対立仮説が次のように「≠」の形式に変化します。

$$H_0 : \mu = 12$$
$$H_1 : \mu \neq 12$$

有意水準は 5％のままだとすると、5％の確率に対応する値の範囲をどう考えればよいでしょうか。仮説検定では、上側および下側の 2.5 パーセント点の外側の範囲（確率の合計は 5％）を棄却域にする習慣になっています。Z の上下の 2.5 パーセント点はそれぞれ＋1.96 および－1.96 ですから、標準

化した z の値が -1.96 から $+1.96$ までの範囲より外側が棄却域，内側が受容域になります。

このような仮説検定は**両側検定**と呼ばれます。

11.2.1 の例の両側検定を行うと，標準化した z は -0.77 ですので受容域に属しており，やはり帰無仮説が受容されることになります。

> **例題**
>
> ある海域全体のマグロの重さが正規分布に従っていること，および，その標準偏差が 17 キログラムであることが分かっているとします。この海域で無作為に捕獲した 20 匹のマグロの重さの平均値が 107 キログラムでした。
>
> 「この海域全体のマグロの重さの平均値は 100 キログラムである。」という仮説を，(1) 100 キログラムよりも重いという立場，および，(2) 100 キログラムではないという立場から，有意水準 5% で検定しなさい。

解答

正規分布に従っており，母集団標準偏差が分かっている状況で抽出された無作為標本の平均を用いる仮説検定ですから，標準化した z の値についての検定を行います。母集団平均を μ としましょう。

(1) 帰無仮説と対立仮説は，次のとおりです。

$$H_0 : \mu = 100$$
$$H_1 : \mu > 100$$

この場合には，100 キログラムよりも重い方に注目すればよいので，対立仮説の側（上側）の片側検定になります。データを標準化した z の値が Z の上側 5 パーセント点（+

1.64) の外側にある（+1.64 より大きい）かどうかによって，帰無仮説が受容されるか棄却されるかが判断されます。

観察された標本平均値を標準化した z は，次のように約 1.84 です。

$$z = \frac{\bar{x} - \mu}{\frac{\sigma}{\sqrt{n}}} = \frac{107 - 100}{\frac{17}{\sqrt{20}}} = 1.8415$$

この z の値は上側 5 パーセント点よりも外側にありますので，帰無仮説は棄却され，母集団平均は 100 キログラムより重い，という結論になります。

（2）この設定では，標準化した z の値が，上下どちらの側なのかを問わず，帰無仮説を基準として上下それぞれ 2.5% の範囲（棄却域）に含まれるか，それともその内側（受容域）に含まれるかによって，帰無仮説の棄却または受容を判定する両側検定になります。

Z の上側および下側の 2.5 パーセント点はそれぞれ +1.96 と −1.96 ですが，上記のように，標準化した z の値は約 1.84 ですので受容域に含まれており，帰無仮説が受容され，$\mu = 100$ キログラムだという結論になります。

11.3　母集団標準偏差が未知のケースにおける（t 分布の下での）母集団平均の仮説検定

11.3.1　t 分布の利用

前項までは，母集団が正規分布に従うことに加えて，母集団標準偏差も分かっているケースでした。これに対して，母集団が正規分布に従うというこ

とは分かっているものの，母集団平均だけでなく母集団標準偏差も分かっていない場合はどうすればよいでしょうか．

こうした場合には，標本標準偏差を用いて標準化された値は t 分布からの実現値の 1 つだと考えられます．その点を除いて，考え方は z の値を用いる場合（母集団標準偏差が分かっている場合）と同じです．

言い換えると，標準化した t の値に対応付けられる p 値を計算するか，または，予め確認しておいた t のパーセント点と比較して帰無仮説の受容・棄却を判断すれば解決することができます．

11.3.2 手順

次の表の値は，あるファンドの過去 4 年間の年間リターンの実績値を示しています．値はすべて 11.2.1 で用いた表と同じですが，標準偏差が母集団標準偏差ではなく不偏標本標準偏差になっている点が異なります．

母集団平均が 12％だといえるかどうかの検定を行うことにしましょう．母集団標準偏差が分かっていませんから，t 分布を用いた検定になります．

母集団平均 (μ)	4 年間の年間リターンの標準偏差 （不偏標本標準偏差：s）	4 年間の年間リターンの平均値 （標本平均：$\bar{x}$）
?	13％	7％

片側検定になる帰無仮説と対立仮説は，11.2.1 と同じく，次のとおりです．

$$H_0 : \mu = 12$$
$$H_1 : \mu < 12$$

帰無仮説が正しいという前提から出発して標準化の計算を行う点も変わりません．不偏標本標準偏差を用いて標準化した結果は，t 分布に従う確率変数の 1 つの実現値です．この例では母集団標準偏差に（たまたま）一致していますから，次のように，標準正規分布の場合と同じ結果になります．

第11章 仮説検定(正規分布の場合)

$$t = \frac{\overline{x} - \mu}{\frac{s}{\sqrt{n}}} = \frac{7-12}{\frac{13}{\sqrt{4}}} \approx -0.77$$

　有意水準は 5% としましょう。標本数が 4 なので，この t の自由度は 4－1＝3 です。自由度 3 の t 分布に従う確率変数 T の下側 5 パーセント点の値を確認します。t 分布は標準正規分布と同様に 0 を中心として左右対称な分布ですから，上側 5 パーセント点の値の符号を逆にすれば下側 5 パーセント点の値になります。t 分布表から，上側 5 パーセント点の t の値が約 2.35 であることが分かります。その符号を負にした－2.35 と比較すると，表の例の t の値（－0.77）はそのずっと右側にありますから，受容域に含まれるということができます。したがって，この場合も帰無仮説が受容され，母集団平均は 12% だという結論になります。

　一方，両側検定となる帰無仮説と対立仮説は，やはり 11.2.4 と同じ次の組合せです。

$$H_0 : \mu = 12$$
$$H_1 : \mu \neq 12$$

　両側検定では，データから計算された標準化の結果の値が，上側および下側の T の 2.5 パーセント点の間にあるか，外側に外れているかを確認します。自由度 3 の t 分布に従う確率変数 T の上側 2.5 パーセント点の値は約 3.18 ですから，下側 2.5 パーセント点の値は－3.18 です。上記の t の値は －0.77 だったので，上側と下側の 2.5 パーセント点の間（帰無仮説の受容域）にあります。帰無仮説を受容し，母集団平均は 12% だという結論を採用します。

例題

ある健康食品に血圧を低下させる効果があるかどうかを確認するために、無作為に選んだ 10 人の人に 1 ヶ月間試用してもらい、30 日後の測定値から最初の段階の測定値を引いた値を求めました。データは次のとおりです。

参加者数（n）	差の値の平均値（x̄）	差の値の標準偏差（s）
10 人	−13	11

「この健康食品は 30 日間で血圧を 6 低下させる。」という帰無仮説を、それよりも効果が低いという立場、および、効果の程度はともかく 6 低下させるという効果ではないという立場から、有意水準 5%で検定しなさい。

なお、この健康食品を摂取した場合における母集団の 30 日間の血圧の変化（30 日後の血圧の値から最初の段階の血圧の値を引いた差）は、正規分布に従うと仮定します。

解答

正規分布に従う母集団からの無作為標本の標本平均に基づく仮説検定ですが、母集団標準偏差が与えられていませんから、標本標準偏差を用いて標準化した t の値によって判断する検定になります。

「この健康食品は 30 日間で血圧を 6 低下させる。」という仮説が正しいと仮定することは、この健康食品を摂取した場合における母集団の血圧の変化の平均値が−6 である、と仮定することを意味します。母集団平均（この健康食品を摂取した場合における母集団の 30 日間の血圧の変化の平均値）を μ と表すことにすると、帰無仮説は次のとおりになります。

$$H_0 : \mu = -6$$

一方,「効果はそれよりも低い。」という対立仮説は，この健康食品を摂取した場合における母集団の 30 日間の血圧の低下が -6 に達しないこと，言い換えると，μ が -6 より大きな値であることを意味し,「6 低下させるという効果はない。」という対立仮説は μ が -6 ではないことを意味しますから，それぞれ次のとおりになります。

$$H_1 : \mu > -6$$
$$H_1 : \mu \neq -6$$

まず，標本平均を標準化した t の値を求めておきましょう。

$$t = \frac{\bar{x} - \mu}{\frac{s}{\sqrt{n}}} = \frac{-13 - (-6)}{\frac{11}{\sqrt{10}}} \approx \frac{-7}{3.479} \approx -2.01$$

最初の対立仮説による仮説検定では，計算した t の値が，μ が -6 である場合の T の下側 5 パーセント点よりさらに下（左側）にあるかどうかに基づいて判定を行います。標本数が 10 なので，T の自由度は $10-1=9$ です。t 分布表から，自由度 9 の T の上側 5 パーセント点の値が 1.8331 であることが分かりますから，下側 5 パーセント点は符号を逆にした -1.8331 です。計算した t の値はそのさらに下側にありますから，帰無仮説は棄却され,「低下効果は 6 より小さい。」という結論になります。

2 つ目の対立仮説による仮説検定では，帰無仮説の母集団平均の下で上側および下側の 2.5 パーセント点の範囲内にあるか，それともその範囲の外側にあるかに基づいて判定を行います。t 分

布表から自由度 9 の T の上側 2.5 パーセント点の値が 2.2622 であること，ひいては下側 2.5 パーセント点が -2.2622 であることが分かります。計算した t の値はこれらの点の範囲内にありますので，今度は帰無仮説が受容され，「この健康食品は 30 日間で血圧を 6 低下させる。」という結論になります。

このように，帰無仮説が受容されるか棄却されるかは，対立仮説の立て方によって変化します。加えて，帰無仮説が棄却されたとしても，帰無仮説の主張が否定されるだけであり，対立仮説が正しいことが積極的に認められるわけではありません。この点は，原告が不動産の所有者は自分だと主張して申し立てた訴訟の被告が防御に成功して勝訴したとしても，被告自身が所有者と認めてもらえるわけではないことと同様です。被告は，所有者だと認めもらうために，自分が所有者だと主張する訴訟を別途申し立てて勝訴する必要があります。

第12章 回帰分析（最小二乗法）

12.1 回帰分析の身近さと近寄りにくさ

12.1.1 回帰分析の発想の身近さ（直線の関係）

　1日のうちの平均気温が1度上昇すると1日当たりの電力消費量が幾ら変化するか，または，円相場が1円円安になるとA社の営業利益が幾ら増加するかといった疑問は，ごく身近な疑問です。そのような疑問の答えを探す一番簡単な方法は，関係する数値の観測を一定の期間にわたって行った後，例えば横軸に1日のうちの平均気温または円相場の値，および，縦軸に1日当たりの電力消費量またはA社の営業利益の値をとった点をグラフに描き，それらの点をざっと直線で結んでみることでしょう。その直線の傾きが，上記の疑問の大雑把な答えになります。

　この方法では，1日のうちの平均気温や円相場を独立変数とし，1日当たりの電力消費量やA社の営業利益を従属変数とする一次関数の関係が想定されています。例えば，円相場と鉱工業生産指数の変化によってA社の営業利益がどれだけ変化するかという問題意識をもった場合も同様です。

　回帰分析は，そのような直線の傾きを手っ取り早く計算する便利な手段です。Microsoft Excel®のような表計算ソフトを使えば，上記の直線を引いてその傾きを求める作業をあっという間に行ってくれます。

12.1.2 回帰分析の近寄りにくさ

そこで，次の表の仮想的な年間平均為替レートと A 社の営業利益を観測したと仮定して，前者を独立変数とし，後者を従属変数とする一次関数の式を Microsoft Excel®で計算してみました。

期間	円／ドル相場（円）	A 社の営業利益（億円）
1 年目	108	25
2 年目	120	60
3 年目	105	50
4 年目	85	10
5 年目	80	2
6 年目	93	30
7 年目	98	38
8 年目	100	45
9 年目	110	53
10年目	121	65

$y=ax+b$ という一次式が打ち返されると思ったところ，結果は次のように表示されました（一部の見出しを短縮してあります。）。

第12章 回帰分析（最小二乗法）

概要

回帰統計	
重相関 R	0.90
重決定 $R2$	0.81
補正 $R2$	0.79
標準誤差	9.59
観測数	10.00

分散分析表

	自由度	変動	分散	分散比	有意 F
回帰	1.00	3207.42	3207.42	34.85	0.00
残差	8.00	736.18	92.02		
合計	9.00	3943.60			

	係数	標準誤差	t	P-値	下限 95%	上限 95%	下限 95.0%	上限 95.0%
切片	−103.64	24.15	−4.29	0.00	−159.33	−47.95	−159.33	−47.95
X 値 1	1.39	0.23	5.90	0.00	0.85	1.93	0.85	1.93

　大規模な装置の計器盤かと思うような姿です。この結果を初めて見た人は，目を丸くするでしょう。こうなってしまうのは，上記の表のデータの背後にある将来の円相場と A 社の営業利益との間の関係（言い換えると，将来の値の母集団の間の関係）に関心を向けている（統計的推測と仮説検定の応用場面にしている。）からです。

　これらのデータを一通り把握するには，正規分布，t 分布，カイ 2 乗分布に加えて，F 分布という分布の知識まで動員する必要があります。ここに並べた分布はいずれも，母集団が正規分布に従うことを前提にしており，正規分布系の分布などともいわれます。その意味で，回帰分析は，（正規分布を前提にするという意味で）基礎的な統計学の総仕上げとなる分野だということができ，それだけ分かり難い分野でもあります。

12.2　回帰分析の計算

12.2.1　回帰式の形

　そのため，最初の段階としては，母集団との関係を一切考えないことにします。この段階における回帰分析の目的は，「データの組合せをグラフに示した点の集まりとの当てはまりが一番よい」直線を特定することです。

　前項の回帰分析の結果の一番下の部分に注目すると，「切片」と「x 値1」の「係数」がそれぞれ－103.64 と 1.39 であることが示されています。独立変数である円相場の値を x，従属変数である A 社の営業利益の値を y とし，それぞれの標本の番号を下付きの添え字「i」という記号のまま表示することにすると，この回帰分析の結果は次の一次式の関係を示しています（この式は**回帰式**とも呼ばれます。）。

$$y_i = -103.64 + 1.39 x_i + e_i$$

　回帰分析では，従属変数を**被説明変数**，独立変数を**説明変数**と呼びます。右辺の最後の「e」の項は，この一次式に x の値を代入して求めた y の値（y の推定値）と，y の実際の値との差（**残差**といいます。）を表しています。例えば，12.1.2 の表の 4 年目の円相場（85 円／ドル）を式に代入して，4 番目の A 社の営業利益（実績値は 10 億円）を推計すると，次のとおりになります。実績値を基準にすると－4.51 億円の残差があります。

$$\begin{aligned} y_4 &= -103.64 + 1.39 x_4 \\ &= -103.64 + 1.39 \times 85 \\ &= 14.51 \end{aligned}$$

12.2.2　残差の 2 の合計の最小化による最も当てはまりが良い線の特定

前項の式の直線と，データの組合せの点の集まりとを比較すると，次の図のようになります。

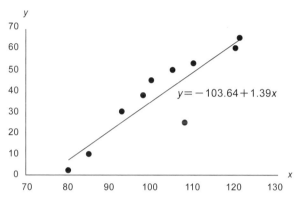

データの値の組合せの点と回帰式の線

この線をあれこれと動かした様子をイメージしてみてください。個々の点ではなく点全体の集まりとの関係では，最も当てはまりが良さそうに見えないでしょうか。この直線の式の定数項（切片）と独立変数の係数は，従属変数のすべての値に対応する残差の 2 乗の合計を最小にするように計算されます。

12.2.3　定数項と説明変数の係数の計算
（1）a の関係式の導出

　回帰式の定数項と説明変数の係数を求めるには，まず，例えば定数項を a，説明変数の係数を b として，次の式を想定します。

$$y_i = a + bx_i + e_i$$

残差は y の実績値と推計値の差ですから，次式のとおりになります。

$$e_i = y_i - (a + bx_i)$$

次に，残差の 2 乗の合計を式に表します。ここではやむを得ず Σ を使います。加えて，本項は非常に長くなるので，数式が嫌いな人は本項末尾の結論の式に進んでも差し支えありません。

$$\begin{aligned}\sum_{i=1}^{n} e_i^2 &= \sum_{i=1}^{n} \{y_i - (a + bx_i)\}^2 \\ &= \sum_{i=1}^{n} \{y_i^2 - 2y_i(a + bx_i) + (a + bx_i)^2\} \\ &= \sum_{i=1}^{n} \{y_i^2 - 2y_i \cdot a - 2y_i x_i \cdot b + a^2 + 2x_i \cdot ab + b^2 x_i^2\}\end{aligned}$$

この式の x および y の値は，観察された具体的な標本の値ですから，いずれも既に判明している定数です。未知数は a および b だけであるということに注意してください。残差 e の 2 乗の合計は，a および b が変数になっている二次式です。そこで，この式を a および b の二次関数として，それぞれについて偏微分した結果を 0 と置き，a および b について解けば，求める定数項および説明変数の係数に到達することができます。

さらに，Σ の記号は足し算を表しており，関数の和の微分は個々の関数の微分の和になります。言い換えると，a または b について式を偏微分した結果は，式のカッコの中を偏微分した導関数を Σ でくくった形になります。最初に，a について偏微分して 0 と置いてみましょう。

$$\begin{aligned}&\frac{\partial \sum_{i=1}^{n} e_i^2}{\partial a} \\ &= \frac{\partial \sum_{i=1}^{n} \{y_i^2 - 2y_i \cdot a - 2y_i x_i \cdot b + a^2 + 2x_i \cdot ab + b^2 x_i^2\}}{\partial a} \\ &= \sum_{i=1}^{n} \{-2y_i + 2a + 2x_i \cdot b\} \\ &= -2 \times \sum_{i=1}^{n} \{y_i - (a + bx_i)\} = 0\end{aligned}$$

−2 は定数ですから Σ の外に出してあります。この部分は,「＝0」と置いた両辺を−2 で割れば式から消えますから,次式と同じになります。

$$\sum_{i=1}^{n} \{y_i - (a + bx_i)\} = 0$$

式全体を,Σ の足し算と引き算に分解することができます。その際に,次の関係に注目してください。

$$\sum_{i=1}^{n} y_i = n \times \underbrace{\frac{1}{n} \sum_{i=1}^{n} y_i}_{=\bar{y}} = n \cdot \bar{y}$$

$$\sum_{i=1}^{n} a = n \cdot a$$

$$\sum_{i=1}^{n} bx_i = bx_1 + bx_2 + \cdots + bx_n$$
$$= b \times n \times \underbrace{\frac{1}{n} \times (x_1 + x_2 + \cdots + x_n)}_{=\bar{x}} = n\bar{x} \cdot b$$

したがって,次のようになります。

$$\sum_{i=1}^{n} \{y_i - (a + bx_i)\}$$
$$= \sum_{i=1}^{n} y_i - \sum_{i=1}^{n} a - \sum_{i=1}^{n} bx_i$$
$$= n \cdot \bar{y} - n \cdot a - n\bar{x} \cdot b = 0$$
$$\bar{y} - a - \bar{x} \cdot b = 0$$
$$a = \bar{y} - b \cdot \bar{x}$$

(2) b の関係式の導出

今度は,b について偏微分して 0 と置いてみます。

$$\frac{\partial \sum_{i=1}^{n} e_i^2}{\partial b}$$
$$= \frac{\partial \sum_{i=1}^{n} \{y_i^2 - 2y_i \cdot a - 2y_i x_i \cdot b + a^2 + 2x_i \cdot ab + b^2 x_i^2\}}{\partial b}$$
$$= \sum_{i=1}^{n} \{-2y_i x_i + 2x_i \cdot a + 2x_i^2 \cdot b\}$$
$$= -2 \times \sum_{i=1}^{n} \{y_i - (a + bx_i)\} \times x_i = 0$$

両辺を-2で割って-2を消せば，次のとおりになります。

$$\sum_{i=1}^{n}\{y_i-(a+bx_i)\}\times x_i=0$$

$$\sum_{i=1}^{n}y_ix_i-\sum_{i=1}^{n}a\cdot x_i-\sum_{i=1}^{n}b\cdot x_i^2=0$$

さらに，次の関係に注目してください。

$$\sum_{i=1}^{n}y_ix_i=n\times\underbrace{\frac{1}{n}\sum_{i=1}^{n}y_ix_i}_{=\overline{xy}}=n\overline{xy}$$

$$-\sum_{i=1}^{n}a\cdot x_i=-(ax_1+ax_2+\cdots+ax_n)$$

$$=-a\times n\times\underbrace{\frac{1}{n}\times(x_1+x_2+\cdots+x_n)}_{=\overline{x}}=-n\overline{x}\cdot a$$

$$-\sum_{i=1}^{n}b\cdot x_i^2=-(bx_1^2+bx_2^2+\cdots+bx_n^2)$$

$$=-b\times n\times\underbrace{\frac{1}{n}(x_1^2+x_2^2+\cdots+x_n^2)}_{=\overline{x^2}}=-n\overline{x^2}\cdot b$$

したがって，次のようになります。

$$\sum_{i=1}^{n}\{y_i-(a+bx_i)\}\times x_i$$
$$=n\overline{xy}-n\overline{x}\cdot a-n\overline{x^2}\cdot b=0$$
$$\overline{xy}-\overline{x}\cdot a-\overline{x^2}\cdot b=0$$

(3) 連立方程式の解決

以上から，aとbの次の連立方程式ができました。

$$\begin{cases}a=\overline{y}-b\cdot\overline{x}\\ \overline{xy}-\overline{x}\cdot a-\overline{x^2}\cdot b=0\end{cases}$$

上の式を下の式に代入して整理し，bについて解きます。

$$\overline{xy} - \overline{x} \times (\overline{y} - b \cdot \overline{x}) - \overline{x^2} \cdot b = 0$$
$$\overline{xy} - \overline{x} \cdot \overline{y} + \overline{x} \cdot \overline{x} \cdot b - \overline{x^2} \cdot b = 0$$
$$\{\underbrace{(\overline{x} \cdot \overline{x})}_{=(\overline{x})^2} - \overline{x^2}\}b + (\overline{xy} - \overline{x} \cdot \overline{y}) = 0$$
$$b\{\overline{x^2} - (\overline{x})^2\} = \overline{xy} - \overline{x} \cdot \overline{y}$$
$$b = \frac{\overline{xy} - \overline{x} \cdot \overline{y}}{\overline{x^2} - (\overline{x})^2}$$

b の式の分子に注目してください。x と y との積の平均値と，平均値の積との間の差ですから，両者間の標本共分散です。一方，分母は，x の2乗の平均値と x の平均値の2乗との間の差ですから，x の標本分散です。したがって，a および b を次のとおり計算することができます。

$$a = \overline{y} - b\overline{x}$$
$$b = \frac{s_{xy}}{s_x^2}$$

回帰分析に基づく統計的推測と仮説検定の議論の際に関係してきますので，Σ を用いる形式も示しておくことにします。

$$a = \frac{1}{n}\sum_{i=1}^{n} y_i - b \times \frac{1}{n}\sum_{i=1}^{n} x_i$$
$$b = \frac{\sum_{i=1}^{n}(x_i - \overline{x})(y_i - \overline{y})}{\sum_{i=1}^{n}(x_i - \overline{x})^2}$$

b の計算式に標本数が現れないのは，分母と分子に共通しているので消去されるからです。言葉で表現すれば，b は，説明変数と被説明変数との間の標本共分散を，説明変数の標本分散で割った値になります。a は，そうして求めた b の値と，x および y それぞれの標本平均を用いて計算されます。

12.2.4　事例に基づく計算

前項の結論をもとに，12.1.2 の数値例における回帰式の定数項と説明変数の係数を求めてみましょう。

前提として，12.1.2 のデータの円／ドルレートの平均値は 102 円／ドル，A 社の営業利益の平均値は 37.8 億円，両者間の共分散は 231.3，および円／ドルレートの分散は 166.8 です。

したがって，説明変数の係数 b および定数項は次のとおりになります。

$$b = \frac{s_{xy}}{s_x^2}$$
$$= \frac{231.3}{166.8} \approx 1.386691 \approx 1.39$$
$$a = \bar{y} - b\bar{x}$$
$$= 37.8 - 1.386691 \times 102 \approx -103.642$$

計算の結果が，12.1.2 の回帰分析のアウトプットと一致することが確認できました。

12.2.5　重回帰分析

前項までの回帰分析は，説明変数が 1 つのケースでした。このような回帰分析を**単回帰分析**といいます。これに対して，説明変数が複数ある回帰分析は重回帰分析といいます。

重回帰分析でも，考え方は単回帰分析と変わりません。残差の 2 乗の合計を最小にするように，偏微分して 0 と置いた方程式を解いて式を求めます。

その結果として，それぞれの説明変数の係数は，単回帰分析と同様に，個々の説明変数と被説明変数との間の共分散を個々の説明変数の分散で割った値になります。一方，定数項は，被説明変数の平均値から説明変数の平均値とその係数との積を引いた値になります。

12.3 回帰分析に基づく統計的推測

12.3.1 事前の段階の標本平均との類似性

次の段階として，将来の円／ドルレートの平均値と A 社の営業利益との間の関係（母集団の関係）を，標本に基づく回帰分析の結果から推測することを考えてみましょう。

回帰分析に用いる標本のデータを集める前の段階に立ち，母集団を視野に入れた上で，標本のデータから計算される定数項と説明変数の係数について考えている場面をイメージしてください。この状況は，これから無作為標本のセットを取り出そうとする段階で，取り出した無作為標本から計算される標本平均について考えている場面と同じ位置関係になります。

取り出される標本のセットは，その時の偶然によって決まるのですから，可能性は無数にあります。したがって，標本平均がそうだったのと同様に，回帰分析の定数項と説明変数の係数も，事前の段階では確率変数として把握するしかありません。結果的に計算される a と b は，たまたま実現した実現値の 1 つだということになります。

12.3.2 母集団の定数項と説明変数の係数

回帰分析の場面では，標本平均について想定された母集団平均に対応するものとして，母集団同士の関係式の定数項と説明変数の係数を考えます。

まず，説明変数の母集団の 1 つ 1 つの値を x とし，それに対応する被説明変数を y として，下付きの添え字の番号によって区別することにした上で，次式の関係を想定します。

$$y_i = \alpha + \beta x_i + \varepsilon_i$$

標本の値を用いる回帰式と同じようですが，母集団の関係であることを示

すために，定数項をα，説明変数の係数をβとしてあります。ε（エプシロン）によって表される最後の項は，標本の値を用いる回帰式の残差項に対応していますが，後で述べるように確率変数として把握されます（εは**誤差項**または**攪乱項**と呼ばれます。「u」で表されることもよくあります。）。εに関する細かな仮定についても後で述べることにして，上記の式を次のように書き換えます。

$$\varepsilon_i = y_i - (\alpha + \beta x_i)$$

　この式も，標本の値を用いる回帰分析の場合と同様です。この誤差項の2乗の合計が最小になるようなαとβがどうなるかを検討します。

　標本の値を用いる回帰分析の場合とまったく同様に，上記の式の右辺の2乗の合計値をαとβの二次関数だと考えて，偏微分した導関数を 0 と置いた連立方程式を解けば答えが分かることは，簡単に想像が付くでしょう。

　標本を用いるケースとの違いは，xおよびyの値の範囲が無作為標本として観察された一部ではなく，母集団全体に広がる，ということだけですから，αとβの式がどうなるかも想像が付くと思います。実際そのとおりになりますので，結論だけを示しておくことにします。

$$\alpha = \mu_y - \beta \cdot \mu_x$$
$$\beta = \frac{Cov(X,Y)}{\sigma_X^2}$$

　標本値が母集団の値になっているだけで，すべて同じになります。ちなみに補足しておきますと，母集団の平均，分散および母集団の間の共分散はいずれも期待値（対応する確率を重みにして計算される平均値）ですが，その計算は標本の値の計算と何も変わりません。可能性のあるそれぞれの値を全部並べて平均値の計算を行っても，同じ値の相対頻度（確率）を重みにする計算を行っても，同じことだからです。確率の定義に関する頻度説の発想は，こういう点を理解する上で大変有益ですね。

12.3.3 　ε に関する仮定の意味

　前項では，母集団の関係式が，標本の値を用いる最小二乗法と同じ論理で導き出される，と述べました。その根拠は，回帰分析についてεに関して設けられる仮定にあります。

　その仮定とは，①εは説明変数とは無関係な（独立の）確率変数であること，②平均的に見ればその影響は消え去るという意味で，εの期待値が 0 であること，③εの分散は x のすべての値に関して同じであること，および，④x の別々の値に伴って実現するε同士もお互いに無関係（独立）だということです。これらの仮定を式の形式で表すと，次のようになります。

$$Cov(X, \varepsilon_i) = 0, E(\varepsilon_i) = 0, \sigma_{\varepsilon_i}^2 = \sigma^2, Cov(\varepsilon_i, \varepsilon_j) = 0$$

　上記の仮定①と④が，共分散＝0 という形式で示されていることに注意してください。実は，①の仮定は，εの 2 乗和を最小にするようにαおよびβが決まることを，暗黙に示しています。この点の議論のためには，ベクトルの知識が必要になるので本書の範囲を超えてしまいます。そのため，ごくかいつまんで述べておくことにします。

　まず，εの期待値が 0 だということに基づいて，回帰分析で想定されている式を次のように変形することができます。

$$\begin{aligned}
y_i &= \alpha + \beta x_i + \varepsilon_i \\
E(y_i) &= E[\alpha + \beta x_i + \varepsilon_i] \\
&= \alpha + E(\beta x_i) + \underbrace{E(\varepsilon_i)}_{=0} \\
E(y_i) &= \alpha + E(\beta x_i) \\
\alpha &= E(y_i) - \beta \cdot E(x_i)
\end{aligned}$$

　この関係を最初の式に代入すると，次のとおりになります。

$$\begin{aligned}
y_i &= E(y_i) - E(\beta x_i) + \beta x_i + \varepsilon_i \\
y_i - E(y_i) &= \beta \{x_i - E(x_i)\} + \varepsilon_i
\end{aligned}$$

εはそのままですが，説明変数と被説明変数は，平均との差の形式になりました．この式は，yとその平均値との差の値のベクトル（①）の出発点から，右辺にあるxとその期待値との差をβ倍した値のベクトル（②）を引き，その先端にεの項のベクトル（③）をつなげると，③のベクトルの先端が①のベクトルの先端に到達する，という関係を示しています．そして，xとεの共分散が0だということは，③のベクトルと②のベクトルが互いに直角の関係にある，ということを意味します．さらに，xの値とその平均値との差のベクトルと直角につなげられるεのベクトルとは，可能な中で最小の長さのベクトルです．そのため，最小二乗法の論理によって母集団のαおよびβを求めることができます．

12.3.4 母集団の定数項と説明変数の係数の推定値

以上のように，標本に基づいて計算されるaおよびbと，母集団について考えられるαおよびβとは，同一構造の計算式になっています．これはちょうど，標本平均と母集団平均との間と同じ関係です．そして，標本平均の場合と同様に，事前の段階のaとbの母集団の期待値も，それぞれαとβになります．

そのため，aおよびbを母集団のαおよびβの推定値として用いること（点推定）ができます．

この点の確認は，説明変数Xの値が分かっていると仮定した被説明変数Yの「条件付分布」の議論となり，非常に面倒ですので，上記のような直観的理解に止めておくとよいでしょう．

12.4 回帰分析に基づく仮説検定等

12.4.1 回帰分析の典型的な帰無仮説

　回帰分析を通じて母集団の関係を探ろうとする問題意識としては，そもそも母集団の関係として説明変数が被説明変数に影響を及ぼすかどうか（その意味で被説明変数を説明することができるかどうか）が第一になり，影響を及ぼすとしたらどの程度の影響になるか，でしょう。

　これに対応して，「母集団の説明変数が被説明変数に影響を及ぼさない。」という帰無仮説の検定を行うのが，回帰分析の仮説検定の典型的場面です。説明変数が変化しても被説明変数が反応しないということですから，この帰無仮説は次式によって表現されます。

$$H_0 : \beta = 0$$

対立仮説は，「どちらかはともかくとして影響を及ぼす。」または例えば「プラスの影響がある。」ということになるでしょう。これらの対立仮説は，それぞれ次のとおりに表現されます。

$$H_1 : \beta \neq 0$$
$$H_1 : \beta > 0$$

前者の検定なら両側検定，後者の検定なら片側検定になります。

　もちろん，「母集団の β は 1 である。」といったゼロ以外の特定の値を帰無仮説に含めることも可能です。しかしここでは，「影響がない。」という帰無仮説の例を中心にすることにします。

　なお，母集団の α についても，同様な帰無仮説・対立仮説の検定を行うのが通常です。

12.4.2 定数項と説明変数の係数の分散・標準偏差と標準誤差

ここで，誤差項が正規分布に従っているという重要な仮定を追加しましょう。この仮定が成り立つ場合には，事前の段階の a と b も正規分布に従うということを，(前項で詳細を割愛した) a と b の母集団の分布に関する議論を通じて確認することができます。

本項でも詳細を割愛しますが，結論として，誤差項の分散と説明変数の分散が分かれば a と b の母集団分散も分かります。

それなら，標本平均に関する仮説検定の場合と同様に，①a および b の母集団平均（すなわち α および β）に関する仮説（帰無仮説）を立て，②帰無仮説が正しいという前提の下で，a と b の母集団標準偏差を用いてそれぞれの値を標準化し，③有意水準に対応するパーセント点と比較する，という仮説検定の手順の応用場面です。例えば，「母集団の α がゼロ（$\alpha=0$）」または「ベータがゼロ（$\beta=0$）」という帰無仮説の検定であれば，次のとおりです（α と β がそれぞれ a と b の期待値であることに注意してください。）。

$$z = \frac{a-0}{\sigma_a}$$

$$z = \frac{b-0}{\sigma_b}$$

しかし，現実の問題として，上記の値が分かってないのが通常の場合ですので，母集団分散が未知の場合における仮説検定と同様に，標本から計算される値（**標準誤差**といいます。）を用いた標準化を行います。定数項と説明変数の係数の標準誤差は，標本数が n の場合は次式で表される**回帰の標準誤差**（s とします。），説明変数 x の平均との差の 2 乗の合計，および（定数項については）標本数を用いて計算される値です。

$$s = \sqrt{s^2} = \sqrt{\frac{1}{n-2}\sum_{i=1}^{n} e_i^2}$$

回帰の標準誤差は，残差の 2 乗和割る $n-2$ だというわけですね．標本分散と同様にカイ 2 乗分布に従うことが分かっていますが，分母は $n-2$ になっています．不偏標本分散の計算では，対応するカイ 2 乗分布の**自由度**が 1 少なかったのに対して，この標準誤差のケースでは，残差の 2 乗を計算する段階で，x と y の標本平均との差の 2 乗が 2 つ関係してきますので，自由度も標本数より 2 少なくなっているわけです．説明変数が 2 つある回帰分析では，自由度は $n-3$ になります．

ともあれ，定数項と説明変数の係数の標準誤差は，この式の結果をさらに加工するという面倒なプロセスを経て計算されます．しかし，表計算ソフトを使えば計算結果が出力されますし，試験問題でも値が与えられるはずですので，具体的な計算を気にする必要はありません．「定数と説明変数の係数の標本標準偏差に相当する値だ．」と思ってもらえば十分です．

12.4.3 　t を用いる仮説検定

その結果，標準誤差を用いて標準化された値は（標本平均の場合と同様に）t 分布に従う確率変数の 1 つの実現値になります．この点は，計算のもとになっている回帰の標準誤差の計算の構造が標本標準偏差とほぼ同じであることから想像が付くと思います．先ほどと同様に「母集団の α がゼロ（$\alpha=0$）」または「ベータがゼロ（$\beta=0$）」という帰無仮説の下では，次のとおりなります．

$$t = \frac{a-0}{s_a}$$

$$t = \frac{b-0}{s_b}$$

母集団平均（すなわち α または β）が 0 だという帰無仮説の下では，標準化の計算が a または b の値をそれぞれの標準誤差で割るだけで済むことに注目してください．この場合における t の値は **t 値**と呼ばれています．そして，

αまたはβが 0 だという帰無仮説を両側検定によって判断する検定を，単に「t 検定」という人もいるようです。

12.1.2 の回帰分析の例では，定数項（値は－103.64）と説明変数の係数（1.39）の標準誤差がそれぞれ 24.15 および 0.23 であることが示されています。これらの値をもとに，母集団平均（すなわちαまたはβ）が 0 だという帰無仮説の下で標準化を行うと，次のとおりになります。

$$t = \frac{-103.64 - 0}{24.15} \approx -4.2915$$
$$t = \frac{1.39 - 0}{0.23} \approx 6.0435$$

12.1.2 の結果には t の値がそれぞれ－4.29 および 5.90 であることが示されています（5.90 と 6.0435 とが一致しないのは，四捨五入の影響です。）。この例の標本数は 10 ですから，t の自由度はそれより 2 少ない 8 です。自由度 8 の t 分布の上側 2.5 パーセント点の値は 2.306（したがって下側 2.5 パーセント点の値は－2.306）ですから，上記の t はいずれも対応する 2.5 パーセント点より外側になっています。このため，定数項が 0 という仮説も，説明変数の係数が 0 という仮説も，有意水準 5％の両側検定の下で棄却され，それぞれが 0 ではないという結論になります。

もっとも，12.1.2 の例では p 値が 0.00（ほぼ 0 の確率）であることが示されていますから，それだけでも帰無仮説を棄却することができます。

さらにその右側には，a および b それぞれの値を中心とするαおよびβの 95％信頼区間の両端の値も示されています。

12.4.4 決定係数

12.1.2 の回帰分析の結果の上の方には，「R」が付けられたデータが示されています。一番上の「重相関 R」は，出力された回帰式に説明変数の値を代入した結果（推計値）と，被説明変数の値との間の相関係数です。

第12章 回帰分析(最小二乗法)

「重決定 $R2$」は,通常は回帰式の**決定係数**(R^2)と呼ばれる指標です。要約すると,(定数および説明変数の係数の個々の説明力ではなく)回帰式全体の当てはまりの良さないしは説明力を示す指標であり,次式によって計算されます。

$$R^2 = 1 - \frac{\sum_{i=1}^{n} e_i^2}{\sum_{i=1}^{n}(y_i - \overline{y})^2}$$

式はいかめしく見えますが,回帰式によって求められる推計値がすべて,対応する被説明変数の値と完全に一致している(100%の説明力がある)場合を考えてみてください。その場合には,e のすべての値が 0 になりますので,式の右辺の第 2 項(ひいては分数全体)が 0 になり,決定係数は 1 になります。言い換えると,決定係数が 1 であることは回帰式の説明力が 100%であることを意味します。逆に,被説明変数の値が回帰式とはまったく無関係になってしまっている(説明力がない)場合はどうでしょうか。そのようなケースは,説明変数の係数が 0 になる(そのため被説明変数の値が説明変数の値と無関係になる)場合です。単回帰を例にすると,$b=0$ ですから,次のように,1 つ 1 つの残差は被説明変数とその標本平均値の差になります。

$$\begin{aligned} e_i &= y_i - (a + \underset{=0}{\underline{b}} x_i) \\ &= y_i - \underset{=\overline{y}-b\overline{x}}{\underline{a}} \\ &= y_i - (\overline{y} - \underset{=0}{\underline{b}} \overline{x}) \\ &= y_i - \overline{y} \end{aligned}$$

この場合には,決定係数の計算式の右辺の分数の分子が分母と同じになる(分数の値が 1 になる)ので,決定係数は 0 になります。12.1.2 の回帰分析の例では決定係数は 0.81 ですから,回帰式の説明力は 81%です。

決定係数(回帰式の説明力)が低くなるのは,被説明変数に影響を与える

何か別の変数を見落とし，説明変数に含めていなかったという場合が多いでしょう。そのような場合には，説明変数を増やす必要があります。

しかし逆に，ともかく説明変数の種類を増やすことによって，見かけ上決定係数を高めることも可能です。同時に，説明変数を増やした分だけ，回帰の標準誤差の自由度が低下します。そこで，そうした見た目上の嵩上げ分を取り除くために，残差の 2 乗の合計をその自由度（標本数が n の単回帰なら $n-2$，説明変数が 2 つある重回帰なら $n-3$）で割り，被説明変数の平均との差の 2 乗の合計はその不偏標本分散の自由度（本数を n とすると $n-1$）で割るという調整を加えた決定係数が計算されます。この決定係数は自由度調整済み決定係数と呼ばれますが，12.1.2 の例では，「重決定 $R2$」の「補正 $R2$」として示されています。

12.4.5　F による検定

最後に，12.1.2 の例では，「分散比」に関連する表が示されています。この表のデータは，「すべての説明変数の母集団の係数（β）がゼロ」という帰無仮説を検定するための資料です。

この仮説の検定には，カイ 2 乗分布に従う 2 つの確率変数の割り算によって計算される確率変数（分散比）の分布が用いられます。この分布を **F 分布**といいます。

詳細は割愛しますが，12.1.2 の例では「有意 F」の値として p 値が示されています。この p 値は 0.00 ですから，有意水準 5%でも 1%でも，上記の帰無仮説が棄却されることが分かります。もちろん，その点は説明変数の t 値に基づく t 検定によって確認することができます。上記の帰無仮説が t 検定と異なる点は「すべての説明変数の」というところですから，この例のような単回帰ではなく，説明変数が複数ある重回帰の場合に意味をもつ指標だということになります。

第12章 回帰分析(最小二乗法)

> **例題**
>
> 円の対ドル相場の決定要因を検討するために、日本の名目金利から米国の名目金利を引いた金利差（i−i*）と、日米の物価変化率格差（p−p*）を説明変数とし、円／ドルレートの変化率（e）を被説明変数とする回帰分析を行いました。データは月間データ、期間は60ヶ月分です。
>
> 下に示す式の結果をもとに、(1)この回帰式が示している説明変数と被説明変数との間の関係について簡単に記述し、(2)「定数はゼロである。」という仮説、および、「個々の説明変数は被説明変数に影響を及ぼさない。」という仮説の有意水準 5%の下での両側検定を行った後、(3)この回帰式によって円／ドルレートの変化率が十分に説明できるといえるかどうか指摘しなさい。
>
> なお、国内の金利が相対的に高くなる（金利差の値が大きくなる）と円高になり、国内の物価上昇率が相対的に高くなる（内外の物価上昇率格差の値が大きくなる）と円安になることが、理論的に認められています。この点を回答の前提にしてください。
>
> また、自由度が 57 の t 分布の上側 2.5 パーセント点の値は 2.002 です。
>
> $$e = \underset{(0.10)}{0.03} - \underset{(0.45)}{2.5} \times (i-i^*) + \underset{(0.30)}{0.6} \times (p-p^*)$$
> $$R^2 = 0.88$$
>
> （カッコ内の数値は定数項・説明変数の係数の標準誤差）

解答

この例題の数値は実際のデータに基づくものではなく、仮の設例です。

回帰分析を実際に行う場面では、通常の場合は、予め理論的なモデルが想定されています。そのモデルをデータによって確

183

認する手段として，回帰分析を用いるわけです。そのため，説明変数が被説明変数に影響を及ぼす方向が，理論的なモデルによって示されている方向と一致するかどうか（回帰式の説明変数の符号）を確認することが，回帰分析の結果を評価する最初の段階になります。この点は，**符号条件**と呼ばれることがあります。

例題の式では，内外金利差の符号は負ですから，国内の金利が相対的に高くなると円／ドルレートの変化率がマイナスになる（円高になる）関係が示されています。また，内外の物価上昇率格差の係数の符号は正ですから，国内の物価上昇率が相対的に高くなると円安になる関係が示されています。したがって，符号条件は，問題文で指定されている理論的なモデルに一致しています。

以上が例題の(1)の解答ですが，簡単には，「例題で指定されている理論に一致している。」ということですね。

次に，定数と説明変数の説明力に注目します。この例題では，有意水準5％で両側検定を行うように指定されています。例題の回帰式の自由度は $60-3=57$ ですから，問題文に示されている $t=\pm2.002$ が上側および下側の2.5パーセント点の値です。例題の回帰式の定数項（a とします。）と説明変数である金利差（$b1$ とします。）および物価上昇率格差（$b2$ とします。）を，それぞれ「$\alpha=0$」，「$\beta1=0$」および「$\beta2=0$」という帰無仮説の下で標準化すると，次のとおりになります。

$$t = \frac{a-0}{s_a} = \frac{0.03}{0.10} = 0.3$$
$$t = \frac{b1-0}{s_{b1}} = \frac{-2.5}{0.45} \approx -5.56$$
$$t = \frac{b2-0}{s_{b2}} = \frac{0.6}{0.3} = 2.0$$

定数項の t 値は受容域に属し，内外金利差の係数 $b1$ の t 値は棄却域に属しており，内外の物価上昇率格差の係数 $b2$ の t 値はぎりぎりで受容域に属しています。α に関する帰無仮説は受容されて「母集団の定数項はゼロ」という結論になり，$\beta 1$ に関する帰無仮説は棄却されて「内外金利差の母集団の係数はゼロではない。」という結論になり，さらに，$\beta 2$ に関する帰無仮説は受容されて「内外物価上昇率の母集団の係数はゼロ」という結論になります。以上が例題の(2)の解答です。

例題の(3)は，「回帰式」の説明力の評価を求めています。回帰分析の結果の評価の最後の段階として，式全体の当てはまりを検討するわけです。式に示されている決定係数は 0.88 ですから，「88％の説明力」ですね。決定係数の水準に関しては，確立された基準はありません。したがって，解答は基本的に「見解次第」になります。決定係数が 0.3 や 0.4 といった低水準であれば別ですが，0.88 ならば説明力は十分だということもできるでしょう。反面，（詳細は経済学のテキストに譲りますが）決定係数が不十分だとし，日本の対外純資産（経常収支の累積額）を説明変数に追加すべきだ，といった解答も正解になるでしょう。

12.5 CAPM とマーケット・モデル

12.5.1 マーケット・モデル

マーケット・モデルは，個々の金融資産の将来のリターン（確率変数として把握されます。）が，金融市場全体（市場ポートフォリオ）の将来のリターンによって説明されると考え，次式の関係を想定するモデルです。

$$R_i = \alpha_i + \beta_i \cdot R_M + \varepsilon_i$$

下付きの i は個々の金融資産を指しており，M は市場ポートフォリオを指しています。マーケット・モデルの詳細については証券分析とポートフォリオ・マネジメントのテキストに委ねます。

マーケット・モデルのように 1 つの独立変数だけで金融資産の将来のリターンを説明しようとするモデルは，**シングル・ファクターモデル**とも呼ばれます。これに対して複数の独立変数を想定するモデルが**マルチ・ファクターモデル**です。

マーケット・モデルでは，①市場ポートフォリオと誤差項が互いに無関係（独立）であること，②誤差項の期待値が 0 であること，③誤差項の分散が一定であること，および，④異なる金融資産のリターンの誤差項同士が互いに無関係であることが仮定されます。式で表すと次のとおりです。

$$Cov(R_M, \varepsilon_i) = 0, E(\varepsilon_i) = 0, Var(\varepsilon_i) = \sigma^2, Cov(\varepsilon_i, \varepsilon_j) = 0$$

上記の式とこれらの仮定をみて，回帰分析の仮定とほぼ同じだと気付いた人が多いのではないでしょうか。特に，①の仮定は，誤差項（ε）の 2 乗の合計が最小になるように式の α および β が決まることを示す重要な仮定です。そのため，α と β の式は次のように回帰分析と同一になります。

$$\alpha = E(R_i) - \beta \cdot E(R_M)$$
$$\beta_i = \frac{Cov(R_i, R_M)}{\sigma_{R_M}^2}$$

こうした背景があるので,マーケット・モデルが成り立つかどうかの検証は,市場ポートフォリオの代わりになりそうなできるだけ幅広い金融資産によって構成された指数（株式の場合であれば株価指数）のリターンの実績値を説明変数とし,個々の金融資産のリターンの実績値を被説明変数とする回帰分析を通じて直接行うことができます。

その際のポイントは,市場ポートフォリオのリターンが個々の金融資産に関する説明力をもっているかどうか（βの推定値 b の t 値の大きさ）,式全体の説明力が十分かどうかです。

12.5.2　CAPMの関係式の意味

一方,CAPM（資本資産評価モデル）は,一定の前提の下で,金融資産の市場全体が均衡しているなら,すべての金融資産の将来のリターンの期待値が次式のとおりになる,という理論です（将来のリターンを R とします。）。

$$E(R_i) = R_f + \beta_i(E(R_M) - R_f)$$

式の右辺の f は無リスク資産を示しており,M は市場全体を示しています。

詳しくは証券分析とポートフォリオ・マネジメントのテキストに譲りますが,CAPM は,投資家にとっての望ましいポートフォリオの選択を通じて金融資産市場の需要と供給が一致している状況（市場の均衡）を想定し,そのための数学的な必要十分条件として,上記の式を導き出しています。式が示しているのはリターンの期待値だけであり,そもそも個々の金融資産の将来のリターンがどのように決まるのかということには,何も触れません。

逆にいえば,そのような式は CAPM が成り立つために必要ないわけです。

さらに，誤差項の存在についても何も触れていませんから，誤差項があってもなくても，および，市場ポートフォリオの将来のリターンと互いに無関係でも，関係があっても，どちらでも構わないことになります。加えて，仮に誤差項があったとして，異なる金融資産の将のリターンの誤差項同士が互いに無関係かどうかも問いません。

結局，CAPM がいっていることは，（一定の仮定の下で）上記の期待値の関係式がすべての金融資産について成り立つということと，金融資産市場が均衡しているということとが同じである，ということだけです。そのほかには，マーケット・モデルの窮屈な仮定は何も設けられていません。

ただ，CAPM の上記の関係式の β は，次のように，マーケット・モデルひいては回帰分析の枠組みの母集団のベータと同じです。

$$\beta_i = \frac{Cov(R_i, R_M)}{\sigma_{R_M}^2}$$

12.5.3　CAPM とマーケット・モデル

ところで，個々の金融資産および市場ポートフォリオの将来のリターンが無リスク資産のリターンを上回る部分（超過リターン）を用いるように，マーケット・モデルを少し変形したバージョンを考えると，CAPM とマーケット・モデルとの間の区別が付けにくくなります。

$$R_i - R_f = \alpha_i + \beta_i(R_M - R_f) + \varepsilon_i$$

この式は，次のように書き換えることもできます。

$$R_i = \alpha_i + R_f + \beta_i(R_M - R_f) + \varepsilon_i$$

両辺の期待値をとり，その下に CAPM の関係式を並べてみましょう。無リスク資産のリターンおよび β が定数であることに基づいて期待値の性質を適用している点に注意してください。

$$E(R_i) = E[\underbrace{\alpha_i + R_f}_{\text{定数}} + \beta_i(R_M - R_f) + \varepsilon_i]$$
$$= (\alpha_i + R_f) + E[\beta_i(R_M - R_f)] + \underbrace{E(\varepsilon_i)}_{=0}$$
$$= (\alpha_i + R_f) + \beta_i(E(R_M) - R_f)$$
$$E(R_i) = R_f + \beta_i(E(R_M) - R_f)$$

　期待値の形式にすると，マーケット・モデルの右辺にαがあること以外は違いがなくなってしまいました。このため，マーケット・モデルは CAPM の実務上の応用ではないか，あるいは，CAPM とマーケット・モデルは同じものなのではないか，という疑問が生じます。何よりも，ベータの計算式が共通です。

　けれども，期待値の形式で表した式が類似していることも，ベータが共通であることも，偶然の結果だといってよいでしょう。

　CAPM では，マーケット・モデルの堅苦しい仮定が 1 つも設けられていない半面で，α（無リスクのリターンと市場全体のリターン以外の要素）の存在を認めていません。したがって，α が「本当に」存在することになれば，CAPM が否定されることになります。他方，マーケット・モデルでは，α があることが当然の前提になっています。市場が均衡しているという前提も設けられていませんので，その点もモデルの正しさとは無関係です。

　回帰分析で設けられる仮定の多さに照らすと，そもそも CAPM を回帰分析の枠組みに押し込んで実証を試みることには無理があるのではないか，と思います。それでも，回帰分析の枠組みで事後的に検証するという努力が，盛んに行われた時期がありました。その際には，α の存在が統計的に有意に確認されるかどうかが，焦点でした。その結果，CAPM では説明できないリターンの源泉（**アノマリー**）が複数発見されており，CAPM は否定されたかのようです。

　けれども，CAPM は，事前の段階の期待値の決まり方だけを示すモデルです。市場参加者が事前にどのように予想していたかを後から検証すること

は，実際には不可能だと思われますので，アノマリーによって決定的にCAPMが否定されたということはできないでしょう。

　なお，現在では，回帰分析と共通する枠組みの下で，マーケット・モデルの有効性はほぼ否定されており，マルチ・ファクターモデルが中心になっています。

付録

平均分散アプローチの目的関数と期待効用理論との間の数学的関係

　この付録は,証券分析とポートフォリオ・マネジメントの学習を済ませた後のレビュー用です。

　証券分析とポートフォリオ・マネジメントでは,投資家にとって望ましいポートフォリオ(Pとします。)が,次式のような関数をもとに,その将来のリターン(Rとします。)の期待値と分散の組合せによって決まる,とされています。

$$U = E(R_P) - \frac{1}{2}\gamma \cdot \sigma_{R_P}^2$$

　将来のリターンの期待値と分散,およびγ(ガンマ。$1/\tau$とされる場合もあります。)によって式の値が決まるわけですね。詳細は証券分析とポートフォリオ・マネジメントのテキストに譲ることにしますが,この式は,投資家の「効用」の期待値すなわち「期待効用」に関する理論と結び付けて紹介されます。ところが,この式には「効用の期待値」は含まれていません。そのため,ずっと疑問を感じている人が少なくないと思います。

　ここでは,テイラー展開の応用場面として,この問題を説明することにします。

　金融資産の将来の不確実なペイオフを確率変数として把握し,Xで表すことにしましょう。将来の個々のペイオフが投資家にもたらす効用が,Xの個々の値xの関数uでうまく表現できるとします。Xの期待値をμと表すことにしましょう。テイラー展開を適用して,Xの任意の値 x に対応する u

を，平均のまわりの二次までの近似の形式で表すと，次のとおりになります。

$$u(x) = u(\mu) + u'(\mu)(x - \mu) + \frac{1}{2}(x - \mu)^2 u''(\mu)$$

期待効用は上式の期待値ですから，次式で表されます。個々の結果ではなくて全体の期待値を考えるので，X も大文字になります。

$$E[u(X)] = E\left[u(\mu) + u'(\mu)(X - \mu) + \frac{1}{2}(X - \mu)^2 u''(\mu)\right]$$

ここで，期待値の性質を思い出してください。μ が定数なのですから，対応する $u(\mu)$，$u'(\mu)$ および $u''(\mu)$ はいずれも定数です。期待値の性質（和の期待値は期待値の和，定数倍の定数は期待値記号の外に出せる。）をもとに上の式を書き換えます。

$$\begin{aligned}
E[u(X)] &= u(\mu) + u'(\mu)\underbrace{E[(X - \mu)]}_{=0} + \frac{1}{2}u''(\mu)E[(X - \mu)^2] \\
&= u(\mu) + \frac{1}{2}u''(\mu)E[(X - \mu)^2]
\end{aligned}$$

他方，X の確実性等価 CE（確実性等価については，証券分析とポートフォリオ・マネジメントのテキストを参照してください。）に対応する効用関数を，平均のまわりの一次までの近似の形式で表すと，次のとおりになります（期待値と確実性等価の差があまり大きくなく，一次までの近似で十分だろうと考えておきます。）。

$$u(CE) = u(\mu) + u'(\mu)(CE - \mu)$$

X の確実性等価がもたらす効用は X の期待効用に一致しますので，この式の右辺＝上の期待効用の式の最後の辺，となるはずです。

付録　平均分散アプローチの目的関数と期待効用理論との間の数学的関係

$$u(\mu) + u'(\mu)(CE - \mu) = u(\mu) + \frac{1}{2}u''(\mu)E[(X-\mu)^2]$$

この式を CE について解きます。

$$CE - \mu = \frac{1}{2} \cdot \frac{u''(\mu)}{u'(\mu)} E[(X-\mu)^2]$$

$$CE = \mu + \frac{1}{2} \cdot \frac{u''(\mu)}{u'(\mu)} E[(X-\mu)^2]$$

効用関数は右上がりの関数だと想定されるので，1 階の微分の結果は常に正の値になります。同時に，上に凸な形だと想定されるので，2 階の微分の結果は常に負の値になります（言い換えると，上の式の右辺第 2 項の $u''(\mu)/u'(\mu)$ は常に負の値になります。）。

次に，X をもたらす金融資産の現在の価格 P で両辺を割ります。そうすると，式はグロスの収益率で表現される確実性等価を表す式に変化します。ついでに，両辺から 1 を引きましょう。

$$\frac{CE}{P} - 1 = \underbrace{\frac{\mu}{P}}_{=1+\mu_R} + \frac{1}{2} \cdot \frac{u''(\mu)}{u'(\mu)} \cdot P \cdot E\left[\underbrace{\left(\frac{X-\mu}{P}\right)}_{=1+R-(1+\mu_R)}^2\right] - 1$$

$$= 1 + \mu_R + \frac{1}{2} \cdot \underbrace{\left\{\frac{u''(\mu)}{u'(\mu)} \cdot P\right\}}_{=-\gamma \text{とする}} \cdot \underbrace{E[(R-\mu_R)^2]}_{=\sigma_R^2} - 1$$

$$= \mu_R - \frac{1}{2}\gamma\sigma_R^2$$

下から 2 番目の式の，効用関数の 2 階の微分を 1 階の微分で割って現在の金額 P を掛けた値に「－」符号を付けた結果（プラスの値になることに注意してください。）を，**相対的リスク回避度**といいます。

【著者紹介】

佐野 三郎（さの　さぶろう）

公益社団法人日本証券アナリスト協会の前教育第三企画部長。

証券会社のエコノミストなどを経て1998年10月から10年間、同協会の教育・試験プログラムの中心的役割を担った後独立し、フリーランス翻訳者として活動する傍ら「証券アナリスト試験対策のzip」を運営している。

証券アナリスト試験のカリキュラム、教材の編集、試験問題の作問から合否判定プロセスまでを文字通り熟知しているだけでなく、「現代ファイナンス分析－資産価格理論」（2007年　祝迫得夫監訳　社団法人日本証券アナリスト協会編　ときわ総合サービス）の翻訳のように専門的業績も残しているだけに、その授業には定評がある。

資格：日本ファイナンス学会会員。日本証券アナリスト協会検定会員。

証券アナリストのための数学・統計学入門

2015年12月7日　初版第1刷発行

著者　佐野　三郎
発行者　酒井　敬男
発行所　株式会社ビジネス教育出版社

〒102-0074　東京都千代田区九段南4-7-13
Tel 03（3221）5361／Fax 03（3222）7878
E-mail info@bks.co.jp　http://www.bks.co.jp

落丁・乱丁はお取り替えします。

印刷・製本／三美印刷株式会社
組版／株式会社武蔵野ビジネス企画

ISBN978-4-8283-0587-5

本書のコピー、スキャン、デジタル化等の無断複製は、著作権法上での例外を除き禁じられています。購入者以外の第三者による本書のいかなる電子複製も一切認められておりません。

記号と公式

分散の公式　　（定数：a, b）

$$Var(aX+bY) = a^2Var(X) + 2abCov(X,Y) + b^2Var(Y)$$

$$Var(aX+bY+cZ) = a^2Var(X) + b^2Var(Y) + c^2Var(Z)$$
$$+ 2abCov(X,Y) + 2bcCov(Y,Z) + 2acCov(X,Z)$$

確率変数 X の分散の表記

$Var(X)$, σ_x^2

確率変数 X の分散（＝確率変数 X と期待値との差の 2 乗の期待値）の定義

$Var(X) = \sigma_x^2 = E[(X-\mu)^2]$

確率変数の標準偏差の定義

$\sigma_X = \sqrt{\sigma_x^2}$

確率変数 X と Y の共分散の表記

$Cov(X,Y)$, σ_{XY}

確率変数 X と Y の間の共分散の式

$Cov(X,Y) = \sigma_{XY} = E[(X-\mu_X)(Y-\mu_Y)]$

確率変数 X と Y の間の相関係数の式

$$\rho_{XY} = \frac{Cov(X,Y)}{\sigma_x \cdot \sigma_y}$$

確率変数としてのポートフォリオの将来のリターン

$R_P = w_1 R_1 + w_2 R_2$

（将来のリターン：R, 投資比率：w）

正規分布の表記

$N(\mu, \sigma^2)$

確率変数 X（期待値：μ, 標準偏差：σ） が正規分布に従う場合の表記

$X \sim N(\mu, \sigma^2)$

この場合の X の確率密度関数の式

$$f(x) = \frac{1}{\sqrt{2\pi}\sigma} \cdot e^{-\frac{1}{2}\left(\frac{x-\mu}{\sigma}\right)^2}$$

正規分布の性質

$P(X \le a) = F(a)$

$P(a \le X \le b) = F(b) - F(a) = P(X \le b) - P(X \le a)$

$P(a \le X) = 1 - F(a) = 1 - P(X \le a)$

標準正規分布　　$Z \sim N(0,1)$

確率変数の標準化（確率変数 X を標準正規分布に従う確率変数 Z に変換する）

$$X \sim N(\mu, \sigma^2)$$

$$Z = \frac{X - \mu}{\sigma} \sim N(0,1)$$

標本平均

$$\bar{x} = \frac{1}{n}(x_1 + x_2 + \cdots + x_n)$$

標本分散

$$s^2 = \frac{1}{n}\{(x_1 - \bar{x})^2 + (x_2 - \bar{x})^2 + \cdots + (x_n - \bar{x})^2\}$$

標本平均の期待値

$$E(\bar{X}) = E\left[\frac{1}{n}(X_1 + X_2 + \cdots + X_n)\right]$$

$$= \frac{1}{n} E[(X_1 + X_2 + \cdots + X_n)]$$

$$= \frac{1}{n}\{E(X_1) + E(X_2) + \cdots + E(X_n)\}$$

$$= \frac{1}{n}\underbrace{(\mu + \mu + \cdots + \mu)}_{n個} = \frac{1}{n} \times n\mu = \mu$$

標本標準偏差

$$s = \sqrt{s^2}$$

標本共分散

$$s_{xy} = \frac{1}{n}\sum_{i=1}^{n}(x_i - \bar{x})(y_i - \bar{y})$$

標本相関係数

$$r_{xy} = \frac{s_{xy}}{s_x \cdot s_y}$$

不偏標本分散

$$\frac{1}{n-1}\sum_{i=1}^{n}(x_i - \bar{x})^2$$

標準誤差 $\quad \dfrac{\sigma}{\sqrt{n}}$

回帰式（$y_i = a + bx_i + e_i$）**の定数項と説明変数の係数**

※定数項：a，説明変数の係数（回帰係数）：b

$$a = \bar{y} - b\bar{x}$$

$$b = \frac{s_{xy}}{s_x^2}$$

$$\left(※\Sigma を用いると \quad \begin{aligned} a &= \frac{1}{n}\sum_{i=1}^{n}y_i - b \times \frac{1}{n}\sum_{i=1}^{n}x_i \\ b &= \frac{\sum_{i=1}^{n}(x_i - \bar{x})(y_i - \bar{y})}{\sum_{i=1}^{n}(x_i - \bar{x})^2} \end{aligned}\right)$$

単回帰の標準誤差

$$s = \sqrt{s^2} = \sqrt{\frac{1}{n-2}\sum_{i=1}^{n}e_i^2}$$

決定係数（R^2）

$$R^2 = 1 - \frac{\sum_{i=1}^{n}e_i^2}{\sum_{i=1}^{n}(y_i - \bar{y})^2}$$

マーケット・モデル

（定数：α_i，β_i、誤差項 ε_i）

$$R_i = \alpha_i + \beta_i \cdot R_M + \varepsilon_i$$

CAPM の関係式

（将来のリターン：R）

$$E(R_i) = R_f + \beta_i(E(R_M) - R_f)$$